Lerne Denken!

MIEKE MOSMULLER

LERNE DENKEN!

OCCIDENT VERLAG

Band MM 59

Occident Verlag
Geerstraat 1
5111 PS Baarle Nassau
Niederlande

Telefon: +31 (0)13 - 507 99 48
E-Mail: info@occident-verlag.de
Internet: www.occident-verlag.de

Umschlaggestaltung: Occident Media B.V.
Umschlagabbildung: 97476569, Plato © Viorel Dudau, Dreamstime.com

ISBN/EAN: 978-3-946699-17-0

INHALT

ERSTER TEIL

DIE WAHRNEHMUNG

EINFÜHRUNG

Als Mensch ist man in der wunderbaren Lage, in einer Welt zu leben, in der man gleichzeitig Teilnehmer und Zuschauer ist. Man kann nicht anders, als an den Geschehnissen auf der Erde teilzunehmen, aber typisch menschlich ist, dass man auch Zuschauer ist und sich Meinungen und Urteile über das bildet, woran man beteiligt ist. Wenn ernste Dinge passieren, wird dies natürlich sehr stark empfunden. Man ist einerseits ein Teilnehmer und andererseits ein Beobachter, der Meinungen hat und Urteile fällt. Und die uralte Frage 'Was ist Wahrheit?' erweist sich als eine sehr wichtige Frage.

Es ist nicht meine Absicht, eine philosophische Abhandlung über diese Frage zu schreiben, aber ich möchte versuchen, sie so zu behandeln, dass sie auch dem Nicht-Philosophen, dem Menschen, der einfach in der Welt steht, der erlebt was geschieht, und der Meinungen und Urteile hat, von Nutzen sein kann. Ich schreibe dies in einer Zeit, in der die Welt von einer Pandemie aufgeschreckt wird, zumindest wird sie so genannt. Wir leben seit anderthalb Jahren in dieser Pandemie Covid-19, Corona, und wir leben in der wissenschaftlichen Bewertung, der sozialen Bewertung und der politischen Bewertung dieser Pandemie. Wir sind mehr oder weniger Opfer all dieser Einschätzungen, ob sie nun zutreffen oder nicht. Auf jeden Fall ist klar, dass sehr viele Menschen entweder unter der Krankheit oder unter der Angst, den psychologischen Folgen, den wirtschaftlichen Folgen und den sozialen Folgen leiden oder gelitten haben.

Und wenn man sich davon löst, das heißt, sich sozusagen von der erlebenden Person in die beobachtende Person zurückzieht und versucht, die Frage 'Was ist Wahrheit?' zu beantworten, stellt man fest, dass man bestimmte Qualitäten entwickeln muss, um mit einem so komplizierten Prozess umgehen zu können.

Es gibt nicht wenige Menschen, die diese Eigenschaften von Natur aus zu haben scheinen. Sie haben eine Affinität zu dem, was Wahrheit ist, und zu dem, was nicht Wahrheit ist. Sie erleben diese sozusagen ganz elementar. Aber es gibt auch viele Menschen, die sich nach der öffentlichen Meinung richten. Und dann ist es natürlich immer so, dass diese öffentliche Meinung durch zwei oder mehrere unterschiedliche Gruppen getragen wird, nämlich den Menschen, die alles, was in der offiziellen Lesart gesagt, geschrieben und beurteilt wird, akzeptieren und danach leben – und im direkten Gegensatz dazu stehen die anderen Menschen, die eine kritische Haltung dazu haben. Es mag dann so aussehen, als müsste man sich für die eine oder andere Option entscheiden. Wenn man aber die Rolle des Zuschauers übernommen hat und versucht, seine Beteiligung am Ganzen zu ignorieren und nur das Geschehen zu verfolgen, dann sieht man, dass es sowohl auf der einen als auch auf der anderen Seite zu Exzessen kommt. Und dann geht es wirklich nur darum, inwieweit sich ein Mensch von einer bestimmten öffentlichen Meinung mitreißen lässt. Es kann sich dabei um die Zustimmung der Öffentlichkeit handeln, aber auch um eine kritische öffentliche Meinung. Die kritische Seite wird oft nicht als öffentliche Meinung angesehen, aber natürlich entsteht nach einer Weile eine Art Gruppendenken auch auf der kritischen Seite. Die Frage, die sich daraus ergibt, lautet: Gibt es nicht die Möglichkeit, in einem so komplizierten Prozess eine objektive Wahrheitsposition einzunehmen? Kann man das lernen?

Die Menschen, die mit dieser Fähigkeit geboren werden, müssen nur ihre Qualität an die Zeit anpassen, in der sie leben. Aber die Menschen, die diese Eigenschaft nicht haben, haben immer noch das Problem, dass sie sozusagen warm oder kalt werden können von bestimmten Meinungen und Urteilen, die überhaupt nicht wahr sind.

Die Frage, die sich daraus ergibt, lautet: 'Kann man als Mensch seinen Sinn für Wahrheit entwickeln?'

Man kann es auch anders formulieren, und das ist die Frage: 'Wie lerne ich denken?'

Meinungen und Urteile liegen im Denken, im Nachdenken. Wenn man das nicht richtig macht, kommt es zu dem, was man Fehler nennt. Und man kann von Irrtümern genauso gut warm oder kalt werden wie von der Wahrheit. Wir werden uns mit der Frage beschäftigen: 'Kann ich meinen Sinn für Wahrheit entwickeln, indem ich denken lerne?'

Nun kann man natürlich sagen: Denken muss man nicht lernen, das kann jeder. Man lernt höchstens Inhalte, und wenn man intelligent ist, dann denkt man schneller und versteht mehr. Aber das Denken an sich ist etwas, das als Anlage vorhanden ist und nicht erlernt werden kann.

Darüber muss man nachdenken. Ist das wirklich der Fall? Stimmt es, dass man als Kind das Denken lernt und damit ein Leben lang auskommt oder gar nicht, dass es aber eigentlich keine Möglichkeit gibt, das entwickelte Denken weiterzuentwickeln? Wiederum nicht in Bezug auf den Inhalt, sondern in Bezug auf die Fähigkeiten? Wenn man jemand ist, der schnell urteilt, der schnell weiß, wie die Dinge funktionieren, und dann stellt sich später heraus, dass man völlig falsch lag, wenn man so ein Mensch ist, dann ist natürlich die Frage: Kann man diese Vorurteilsbildung, die mehr oder weniger unbewusst sehr schnell passiert, mit der man dann aber umgehen muss, wieder verlernen? Und wenn man es doch verlernt, was hat man dann eigentlich gelernt? Kann man dann von diesem Moment an mehr in der Wahrheit sein? Das sind natürlich alles Fragen, die man sich stellen könnte, und wie Sokrates die Frage stellte: 'Ist die Tugend lehrbar? Kann jemand, der ein Laster hat, ein tugendhafter Mensch werden?', so können wir die Frage stellen: 'Kann man Denken lernen? Kann ein Dummkopf, der immer falsch urteilt, zu einem wahrheitsgemäßen Denken kommen?'

Vorläufig müssen Sie davon ausgehen, dass es möglich ist. Andernfalls ist es sinnlos, dieses Buch zu schreiben und zu lesen. Allmählich werden Sie dann entdecken, dass es stimmt, dass Sie, wenn Sie den hier aufgezeigten Weg gehen, nach einer Weile feststellen werden, dass Sie in Ihrem Denken sicherer geworden sind, sicherer in Bezug auf die Wahrheit, dass Sie neben der Fähigkeit, die Wahrheit in der Arithmetik zu erkennen, die Wahrheit in der Mathematik zu erkennen, zunehmend die Fähigkeit entwickeln, zu wissen, ob etwas in Lebensfragen, in politischen Fragen, in sozialen Fragen wahr ist oder nicht.

Natürlich kommt man nicht auf Anhieb dorthin, und man wird auch nie dorthin kommen, wenn man in der Frage stecken bleibt, ob Denken erlernbar ist. Wenn man von vornherein sagt, dass das Unsinn ist, und dass der Mensch so denkt, wie er 'gehirnt' ist, so wie ein Vogel singt, wie er geschaffen wurde, dann wird man nicht so weit kommen, dass man aus Erfahrung sagen kann: 'Ja, ich kann ein Virtuose im Denken werden.'

Wir können alle gehen. Und wir wissen, dass es möglich ist, das Laufen so zu kultivieren, dass man Olympiasieger im Laufen werden kann. Das wird man nie von Natur aus sein, man muss es trainieren. Jeder kann ein bisschen singen. Ein echter Gesangsvirtuose wird man nur, wenn man übt und übt und übt. Die Eigenschaft, die jeder Mensch hat, nämlich die Fähigkeit zu singen, kann also fast bis ins Unendliche kultiviert werden. Genauso verhält es sich mit dem Denken. Und man könnte sich vorstellen, dass man Lehrer sucht, um das Denken zu lernen. Natürlich kann man sich viel selbst beibringen. Wenn man Sängerin oder Sänger werden will, kann man durch eigenes Üben einen großen Schritt machen. Aber wenn man wirklich etwas erreichen will, braucht man einen Lehrer. Genauso verhält es sich mit dem Denken. Ich meine nicht, dass Ihr zu mir kommen müsst, weil ich der Lehrer des Denkens bin. Ich meine, dass es in der Geschichte der Menschheit Schriften gibt, die von Menschen geschrieben wurden, die zu den besten Denkern gehörten. Man muss sich damit befassen, sie müssen nicht leibhaftig bei Ihnen sein, sie haben nachgedacht und ihre Gedanken aufgeschrieben. Es könnte auch sein, dass eine ganze Kultur gedacht und schließlich ein schriftliches Werk hervorgebracht hat, das man noch heute nachlesen kann.

KEINE LUST

So finden sich in verschiedenen Kulturepochen der Menschheitsgeschichte Gedankenproduktionen auf hohem Niveau. Man muss sie studieren, und das ist natürlich nicht immer einfach, denn ich glaube sagen zu können, dass der Mensch in nichts so faul ist, wie im Denken.

Man muss sehr hart arbeiten, um ein Spitzenfußballer zu werden, um ein Soloviolinist zu werden, man muss auch sehr hart arbeiten, um ein Wahrheitsdenker zu werden. Das ist eine ganz andere Art von harter Arbeit. Wenn man Geige spielen will, nimmt man seine Geige, hält sie in der Hand, und beginnt zu üben. Ein Fußballspieler übt das Spiel. Das sind externe Aktivitäten, die alle sehr gut laufen; wenn man das Talent hat und will, ist nichts zu viel für einen.

Aber Übung im Denken... Das ist eine unglaublich starke Anregung, der sich die innere Faulheit entgegenstellt. Doch unsere menschliche Entwicklung und damit die Entwicklung der Welt wird nicht vorankommen, wenn wir als Menschen in unseren denkfaulen Sesseln oder gar in unseren Denkbetten verharren, denn dann werden wir nicht dazu kommen, die Wahrheit bewusst zu finden und dann auch sicher zu sein, dass sie die Wahrheit ist. Das ist notwendig für den Fortschritt der Kultur. Das können wir nicht an einen Computer auslagern. Er kann Programme ausführen, aber er kann die Wahrheit nicht selbst finden. Dafür ist der Mensch da. Aber der Mensch muss aktiv werden. Innerlich aktiv. Und wenn man das tun will, dann interessiert man sich für das Denken, für die Geschichte der Menschheit. Dann tauchen Fragen auf, sie kommen zu einem, man sucht nach Literatur und vielleicht hat man irgendwann das Bedürfnis, einem zeitgenössischen Denk-Künstler zuzuhören oder eines seiner Bücher zu lesen.

Aber zuerst müssen wir uns fragen: Warum sind wir innerlich so faul? Was ist der Grund dafür, dass Menschen stundenlang in einem Fitnessstudio trainieren können, aber keine Lust haben, sich fünf Minuten lang zu bemühen, ihr Denken zu entwickeln?

Es ist natürlich auch seltsam, etwas so viel Wert beizumessen, das keinen Nutzen hat, dass man es entwickeln muss. Ich erinnere mich, dass ich, als ich in Amsterdam zu studieren begann und Mitglied einer Studentenvereinigung wurde, überrascht war, dass es ein Mädchen gab, das Philosophie studieren wollte. Was nützt das denn nun? Was nützt es, die Welt zu verbessern, wenn man sich hinsetzt und über bestimmte Dinge nachdenkt? Als ich 18 war, konnte ich das überhaupt nicht verstehen. Ich konnte es weder spüren noch erleben. Aber im Laufe der Zeit, gerade wegen des Berufes, der so stark auf die Welt, die leidende Welt ausgerichtet ist, der darauf abzielt, die Kranken zu pflegen, zu heilen, soweit das möglich ist, der Beruf des Arztes, ist mir die Frage des Denkens allmählich sehr stark in den Sinn gekommen, und ich bin schließlich zu dem Schluss gekommen: Wenn der Mensch sich nicht von innen heraus stärkt und anfängt, sein Denken zu entwickeln, dann wird die Entwicklung der Menschheit zurückbleiben und schließlich in der Dekadenz enden – die ersten Anzeichen dafür kann man ja schon in unserer Zeit sehen.

Was ist es, das uns innerlich so faul macht? In der Tat hat alles mit Liebe zu tun. Wenn man also über das Denken nachdenken will, bedeutet das letztlich, dass man zu etwas zurückkehren muss, das dem Denken vorausgeht, und das ist die Liebe. Aber Liebe hat für uns sehr viel mit Lust und Begierde zu tun. Liebe, Liebe im Bett, Liebe zum Fußball. Aber die Liebe zum Denken, das ist nicht etwas, wo man nach der Liebe als Kraft suchen würde. Und doch geht es um Liebe. Aber dann muss man die Liebe als Gegenstück zum Egoismus sehen. Dann ist alles, was mit Egoismus, Selbstverliebtheit, Selbstgefälligkeit oder Ähnlichem zu tun hat, keine Liebe.

Die Liebe ist genau das Gegenteil. Die Liebe sucht nicht die Lust, sondern die Liebe sucht das andere, den Anderen. Und wie würde man den Anderen suchen wollen, wenn man ihn nicht kennen wollte? Wenn man jemanden wirklich liebt und diese Liebe die erste Verliebtheit überdauert und sich im Leben immer weiter vertieft, dann weiß man, dass die Liebe nicht nur zu Lust und Vergnügen führt. Dies ist natürlich ein sehr angenehmer Nebeneffekt, aber die Liebe verlangt einem als Menschen viel ab. Liebe bedeutet, dass man sich am meisten für das Andere interessiert, oder für den Anderen. Und dass man sich in dieses oder diesen einfühlen und alles dafür geben will.

Das ist die schönste Eigenschaft des Menschen, dass er dazu in der Lage ist. Und es gibt in der Geschichte wunderbare Beispiele von Menschen, die wirklich für den Anderen oder für die Andere gelebt haben.

Man braucht Liebe, wenn man das Denken entwickeln will. Und dann wird sofort klar, warum diese innere Faulheit so stark ist. Denn wenn wirkliche Liebe gefragt ist, bedeutet das, dass man über sich selbst hinausgehen muss, und wenn man über sich hinausgeht, vergisst man sich wirklich. Und dagegen gibt es eine Menge Widerstand im menschlichen Wesen. Es muss nicht bewusst sein, meistens ist es das nicht, aber es gibt etwas in uns, das uns mit uns selbst verbinden will, am liebsten ausschließlich. Und wenn man dann spürt, dass man sich selbst verlassen muss und mit gleicher oder noch größerer Intensität versucht, der Andere zu sein und ihn zu erleben, dann beginnt ein Prozess, in dem man sich selbst überwinden muss. Und das führt dazu, dass es sehr leicht passiert, dass man in sich selbst zurückrutscht und dann keine Lust mehr hat.

Denn was ist das Besondere am Denken? Das Denken ist für alle gleich. Nicht, dass Sie alle gleich denken, die gleichen Meinungen haben oder die gleichen Themen in Ihrem Leben haben, aber der Grundcharakter des Denkens ist bei allen Menschen der gleiche. Es ist nicht einmal von der Sprache abhängig, es ist eine rein menschliche Fähigkeit, die auf Gesetzen außerhalb des Egoismus' beruht. Deshalb ist man als Mensch auch in der Lage, etwas zu erkennen, was man als störend empfindet. In seinem Gefühlsleben wird man das nicht so leicht schaffen. Wenn man es langweilig findet, findet man es langweilig. Aber um eine Tatsache zu erkennen, die man als unangenehm empfindet, muss man denken, und das Denken macht dies möglich, weil es auf Prinzipien beruht, die jenseits des Egoismus' liegen. Natürlich ist der Mensch so klug, dass er diese Prinzipien nachträglich nach seinem Willen zurechtbiegt und ein System von Meinungen und Urteilen bildet, das rein auf den Egoismus bezogen ist. Das ändert aber nichts an der Tatsache, dass das Denken selbst einen Grundcharakter hat, der nicht egoistisch ist. Jeder weiß das unbewusst. Und deshalb hat man auch keine Lust, ihr viel Aufmerksamkeit zu schenken. Es ist viel schöner, sich mit seinen Gefühlen zu beschäftigen oder mit dem, was man will, als zu versuchen, die Urprinzipien des Seins zu finden, sie zu ergründen und eine Denktechnik zu entwickeln, die in gewisser Weise ein Sinn für die Wahrheit ist.

DER LEHRER KRISHNA

Wenn wir zu den großen Lehren des Denkens in der Geschichte der Menschheit zurückgehen, gibt es eine Schrift aus alten Zeiten, die wahrscheinlich erst spät niedergeschrieben wurde, während sie vorher mündlich weitergegeben wurde. Diese Schrift stammt aus der indischen Kultur und heißt Bhagavad Gita.

Hier ist ein Zitat:

'Arjuna fragt:

Allein, von wem denn angespornt, begeht der Mensch die sünd'ge Tat, auch wenn er selbst es gar nicht will, als trieb' ihn irgendeine Macht?

Der Erhabene sprach:
Das ist die Gier, das ist der Zorn, der aus der Leidenschaft entspringt! Das ist der Böse, der verschlingt! Ja wisse, dieser ist der Feind.

Wie's Feuer wird vom Rauch verhüllt und wie der Spiegel durch den Schmutz,
Wie von der Haut der Embryo, so ist von dem umhüllt die Welt. Die Einsicht ist von ihm umhüllt, der stets der Feind des Weisen ist, von ihm, dem proteusartigen, dem Feu'r, das unersättlich ist.

Die Sinne, Innensinn, Verstand – die werden sein Gebiet genannt,
Durch sie verwirrt den Menschen er, indem die Einsicht er umhüllt. Drum zügle du von Anfang an die Sinne, edler Bhârata,

Gib auf das Böse, es zerstört Erkenntnis und Erfahrung dir.
Die Sinne kennt als mächtig man, mächt'ger noch ist der Innensinn,
Mächt'ger als dieser der Verstand, weit mächt'ger noch das ew'ge Selbst.

Wenn seine Macht du hast erkannt, dann stärke durch das Selbst dein Selbst, Töte den Feind, Großarmiger, den Proteus, den man schwer bezwingt.'[1]

Krishna, ungefähr 3100 vor Chr.

Mit einem altmodischen Wort könnte man Egoismus auch als Sünde bezeichnen. Und wenn man darüber nachdenkt, wird der oben zitierte Text sehr deutlich auf den heutigen Menschen anwendbar. Dann ist es keine Frage, dass hier altmodische Gedanken eine Rolle spielen, sondern man sieht, dass es ganz aktuell ist, auch wenn der Urmensch, der in der Vorzeit lebte, natürlich ein ganz anderes Verhältnis zur Welt und zu sich selbst hatte, als wir moder-

1 Bhagavadgita – Des Erhabenen Gesang, Project Gutenberg, übersetzt von Leopold von Schroeder.

nen Menschen. Aber in diesem grandiosen alten indischen Lied fragt der Schüler den Meister, was den Menschen zur Sünde treibt. Und dann antwortet der Meister, dass es die Begierde, die Leidenschaft ist. Dann folgen eine Reihe sehr schöner Bilder, über die man länger nachdenken könnte, um zu verstehen, was dieser große indische Meister seinem Schüler sagen will. Am Ende wird klar, dass er den Schüler darauf hinweist, dass das Universum von Begierde umhüllt ist und dass diese Begierde, in der der Mensch lebt, der Grund dafür ist, dass der Mensch nicht die Weisheit besitzt, zu der er eigentlich fähig ist. Dieses Begehren, diese Leidenschaft, die Egoismus ist, wirkt, wenn man in der Welt steht und mit den Sinnen wahrnimmt, wenn man denkt, und sogar wenn man die Gesetze des Denkens anwendet. Wir werden feststellen, dass die Gesetze des Denkens selbst nicht hinfällig geworden sind. Aber wenn der Mensch diese Gesetze benutzt und sie nach seinem Willen ausrichtet, werden sie vom Begehren geleitet. Daher lautet der Rat des Meisters an den Schüler, zuerst die Sinne zu beherrschen, und dann die Begierde zu überwinden. Denn die Begierde vernichtet Wissen und Weisheit.

Es ist also ein uralter Rat eines Lehrers, eines Meisters, eines Meisters der Weisheit und der Liebe.

Wir können versuchen, diese uralte Erkenntnis für uns zu nutzen. Nachdem diese Einsicht dem Schüler vermittelt wurde, folgt jener wunderbare Satz, der in einer anderen Übersetzung lautet: *Groß sind die Sinne, der Verstand sich größer noch als sie erweist, ihn überragt noch die Vernunft, am höchsten aber steht der Geist.*

Als gewöhnlicher Mensch in der heutigen Zeit kann man damit nichts anfangen. Aber wenn man denken lernt, wenn man sich zu einem Virtuosen des Denkens entwickelt, dann bekommt ein solcher Satz immer mehr Bedeutung und wird sozusagen menschlich. Dann fühlt man sich als

Mensch nicht mehr vom bloßen Begehren umhüllt, sondern man fühlt sich mehr und mehr von der Lösung des Rätsels, das der Mensch ist, umhüllt. Wenn wir uns nun diesen Rat des Meisters an den Schüler zu Herzen nehmen, der sagt, dass der Schüler zuerst die Sinne zähmen muss, dann können wir schauen, wie wir in der heutigen Zeit mit den Sinnen umgehen. Ich denke, man kann mit Fug und Recht behaupten, dass die Beobachtungsgabe, die Aufmerksamkeit, die der Sinneswahrnehmung gewidmet wird, sehr, sehr gering ist, und dass der Entwicklung derselben wenig Aufmerksamkeit geschenkt wird.

Wenn man sich das ganz kleine Kind anschaut, sieht man, wenn man genau hinschaut, dass das Kind noch die Gabe der Beobachtung als großes Talent hat. Eigentlich haben das alle Kinder. Sie sind Meister der Sinne, nichts entgeht ihnen. Ich weiß noch, wie ich als Arzt im Sprechzimmer saß und auf dem Flur eine große Uhr stand, die die Zeit anzeigte. Wenn man als Arzt arbeitet, hört man natürlich ab einem gewissen Punkt das Schlagen der Uhr nicht mehr und schon gar nicht, wenn man in ein intensives Gespräch vertieft ist. Einmal waren ein Vater und eine Mutter mit einem kleinen Kind, ich glaube, es war zwei Jahre alt, in der Arztpraxis, und wir unterhielten uns, und das Kind saß auf dem Schoß und schien zu beobachten, was wir taten. Irgendwann schlug die Uhr und das Kind hob den Finger und sagte: 'Uhr!' Wir leben natürlich daran vorbei. Man hört die Uhr nicht und merkt nicht, dass ein so kleines Kind noch weiß, dass die Uhr schlägt. Und das ist nur eine Sache. Wenn ein kleiner Vogel im Garten pfeift, nimmt das Kind das auch wahr. Wenn Sie plötzlich eine Brille aufsetzen, die Sie noch nie getragen haben, merkt es das auch. Kleine Kinder sind Meister der Sinneswahrnehmung. Und wenn man das dann mit sich selbst vergleicht – natürlich gibt es Ausnahmen, es gibt Menschen, die sich diese Beherrschung der Sinne auch im Erwachsenenalter bewahrt haben –, wenn man auf sich selbst achtet und diese Beherrschung nicht bewahrt hat, dann stellt man schnell fest, dass einem eigentlich viel entgeht. Versuchen Sie sich nach einem Gespräch, wenn Sie wieder zu Hause sind oder im Auto oder auf dem Fahrrad sitzen, genau zu erinnern, wie die Umgebung in diesem Gespräch war. Versuchen Sie, sich genau zu erinnern, wie Ihr Gesprächspartner aussah. Welche Kleidung trug er oder sie, wie sahen die Haare aus, wie sahen die Zähne aus, was hatte er oder sie bei sich? Und was genau entdecken Sie dann? Sie werden feststellen, dass Sie vieles leer lassen müssen. Das hat mit dem Phänomen der Begierde zu tun, das uns umgibt. Und Begierde äußert sich sehr oft in Form von Nervosität. Sie treffen sich mit jemandem und sind nervös wegen dieses Treffens. Man sieht oder hört nur die Hälfte von dem, was da ist. Achten Sie darauf, denn wie wollen Sie Ihre Sinne kontrollieren, wenn Sie gar nicht bemerken, wie Sie sie benutzen?

DIE SINNE BEHERRSCHEN

Was ist mit der Aussage gemeint, dass man die Sinne bezwingen soll? Als Mensch hat man das Gefühl, dass die Sinne Wahrnehmungsorgane sind, die Teil des Körpers sind und gut oder weniger gut funktionieren, je nachdem, in welchem Zustand sich das Sinnesorgan befindet. Aber sie funktionieren und spiegeln wider, was der Mensch mit Augen, Ohren usw. wahrnehmen kann. Ob das wirklich das ist, was in der Außenwelt vorhanden ist, ob also die Sinne mit dem, was sie als Inhalt geben, wirklich das widerspiegeln, was in der Außenwelt Realität ist, das bleibt die Frage. Das ist eine philosophische Frage. Aber dennoch hat man das Gefühl, dass der Körper nach der Weisheit des Körpers funktioniert, und so wie die Leber tut, was sie tun muss, so hat man den Eindruck, dass auch die Sinne tun, was sie tun müssen.

Aber wenn man sich diesen ganzen Prozess genauer ansieht, erkennt man, dass die Sinne einen ganz besonderen Platz in den Körperfunktionen einnehmen. Man muss sich nur den Unterschied zwischen den Menschen ansehen. Es gibt zum Beispiel Menschen, die ein bestimmtes Gemälde mit den Augen wahrnehmen und viel darüber erzählen und erleben können, ohne Kunst studiert zu haben. Sie haben eine Aufmerksamkeit für das, was sie mit ihren Augen wahrnehmen, die so weit reicht, dass sie es gleichsam im Detail, aber auch in seinen Auswirkungen in der Tiefe und Breite beobachten können.

Ein anderer sieht sich das Bild an und es bedeutet ihm nicht viel, er sieht auch nicht alle Details, kann, wenn er danach gefragt wird, nur zwei Worte dazu sagen, ist nicht weiter daran interessiert. Dann sieht man: Beide Menschen haben dasselbe Gemälde mit gut funktionierenden Augen betrachtet, und doch hat der eine viel mehr gesehen als der andere. Was ist der Grund dafür?

Das liegt nicht an der physischen Qualität des Sinnes, sondern an der Person, die diesen Sinn benutzt. Und es wird deutlich, dass schon hier das Prinzip der Liebe die Hauptrolle spielt. Das Interesse, die Aufmerksamkeit. Wenn man diese hat, betrachtet man ein Gemälde auf eine andere Art und Weise, als wenn man kein Interesse hat. Nun gibt es natürlich Menschen, die von Natur aus gut schauen, und andere, denen das gleichgültig ist. Aber genau das ist der Punkt. Wenn man die Frage stellt: 'Kann man das Denken erlernen?', bedeutet das, dass man eine Qualität des Denkens, die man hat, verbessern, verfeinern möchte. Und das beginnt bei der Wahrnehmung mit den Sinnen.

Beherrsche die Sinne, d.h. übe dich darin, diesen Sinnen zu ermöglichen, mit größtmöglicher Bewusstheit und Aufmerksamkeit zu arbeiten. Und dann ist es im Leben natürlich nie nur ein Sinn, sondern eine außerordentlich komplizierte Kombination der Sinne, die wir haben. Man kann das nicht in einem Moment ergründen, aber man benutzt all diese Sinne, und es ist möglich, durch die Erhöhung der Aufmerksamkeit, durch die Stärkung der Liebe zum wahrgenommenen Objekt, die Arbeit der Sinne und später auch des Denkens zu entwickeln, zu verfeinern, zu erweitern, künstlerischer zu gestalten und vieles mehr.

Aber das muss geübt werden.

Und wer sagt: Meine Sinneswahrnehmung ist perfekt, der überschätzt sich zweifellos. Da stellt sich natürlich die Frage: Was können wir tun, um nicht so uninteressiert und unaufmerksam an den Dingen vorbeizugehen, sondern in jedem Augenblick mit voller Aufmerksamkeit der Sinne präsent zu sein? Das ist ein Element des Aufrufs: Beherrsche deine Sinne!

Aber es gibt noch eine andere Seite, und das ist die Seite der tatsächlichen Begierde. Dann muss man 'Begierde' im weitesten Sinne nehmen, nämlich Begierde als einen bestimmten Antrieb – und der kann auch negativ sein. Das Verlangen besteht nicht nur aus Sympathie, sondern auch aus Antipathie. Und diese Sympathie ist nicht Liebe und die Antipathie ist nicht Hass, sondern Leidenschaft. Und diese Leidenschaft ist fast untrennbar mit der Wahrnehmung durch die Sinne verbunden.

Deshalb sind die Sinne auch Organe der Begierde. Man benutzt sie und das, was sie wahrnehmen, weckt Begierde, Sympathie oder Antipathie. Umgekehrt wird die Qualität der Wahrnehmung durch das bestimmt, was man bereits mehr oder weniger an Sympathie und Antipathie hat.

Ich denke, jeder weiß, dass es bestimmte Dinge gibt, die man nicht mag, also schaut man sie sich nicht an. Man wendet den Kopf ab, wenn man mit so etwas konfrontiert wird. Oft ist das natürlich eine gute Sache; es gibt sicherlich Dinge, die besser nicht gesehen werden als gesehen zu werden. Das ist nicht der Punkt, der Punkt ist, dass die Sinneswahrnehmung durch Begierde angetrieben wird, und dass sie auch Begierde anregt. Und weil das so stark dadurch hindurch gewoben ist, hat man als Mensch so viel Mühe, seine Sinne zu beherrschen.

Es mag möglich sein, die Aufmerksamkeit zu erhöhen, aber die Sympathie und die Antipathie in die Mitte zu bringen, die Begierde zu beruhigen, die Sinneseindrücke zu objektivieren, das ist unser großes Problem bei der Beherrschung der Sinne.

Wenn man sich unsere sozialen Probleme ansieht, wenn man sich Videos ansieht, wenn man Interviews hört, wenn man die Zeitung liest, dann merkt man das natürlich auch bei sich selbst, wenn man ehrlich ist. Es gibt bestimmte Denkansätze, die man attraktiv findet, und andere, die man abstoßend findet. Es gibt Dinge, mit denen man gerne zu tun hat, und andere, die einem Angst machen, so dass man sich nicht damit beschäftigen möchte. Und so entsteht der Kampf, die Meinungsverschiedenheit in der Welt.

Es beginnt mit der Sinneswahrnehmung.

Um sie zu verfeinern, zu verbessern, zu objektivieren und unter Kontrolle zu bringen, brauchen wir Unterricht. Und Unterricht besteht immer aus Übung. Einerseits muss man etwas verstehen, und andererseits, weil man es verstanden hat, will man es auch tun.

Und dieses Tun ist die Übung.

DIE ERSTE ÜBUNG

Die erste Übung muss darin bestehen, die Sinne zu beherrschen. Und wenn man das versucht, ist es wichtig, dass man sich erst einmal bewusst macht, wie wenig präzise, wie wenig wahrnehmungsfähig man eigentlich ist. Ich habe diese erste Übung bereits beschrieben und werde sie jetzt als echte Übung beschreiben.

Gönnen Sie sich am Ende des Tages ein paar Minuten Ruhe. In unserer Zeit der ständigen Hektik, der ständigen Eile, ist das schwierig. Ich höre schon den Einwand kommen: Ich habe keine Zeit.

Nein, niemand hat Zeit, Zeit ist ein seltsames Phänomen, eigentlich hat man nur dann Zeit für etwas, wenn man sie sich nimmt.

Nehmen Sie sich die Zeit, sie ist da, aber man lässt sich vom Fluss des Lebens mitreißen, von all den Dingen, die getan werden müssen, und natürlich vor allem von all den Dingen, die man will, und man will diese Dinge nicht wirklich, oder nur die Hälfte davon, oder in gewisser Hinsicht. Doch die Vernunft in Ihnen weiß, dass es sehr notwendig ist, dass Sie mit dieser Übung beginnen. Man will es also, aber die Faulheit ist stark und sagt: 'Ich habe keine Zeit'.

Nehmen Sie sich am Ende des Tages Zeit. Das könnte der Moment sein, in dem Sie eigentlich von der Arbeit nach Hause gehen wollen. Am besten ist es, wenn Sie fünf Minuten länger sitzen und diese Übung machen. Sie können es auch auf dem Parkplatz oder im Zug machen, wenn Sie warten müssen, um wieder auszusteigen. Und wenn Sie zu Hause arbeiten, können Sie Ihre Arbeitszeit um fünf Minuten verlängern oder fünf Minuten früher aufhören. Sie werden dies ja öfters tun. Und wenn das alles nicht klappt, dann verzichten Sie auf fünf Minuten Film, Serie, Nachrichten, Computerarbeit, Facebook, Instagram und so weiter. Sie nehmen sich so viel Zeit für Dinge, bei denen Sie sich nicht fragen, ob sie wirklich notwendig sind, dass Sie sich für diese Übung ruhig fünf oder vielleicht zehn Minuten mehr Zeit nehmen könnten. Sie sollte am Ende des Tages gemacht werden, sie kann auch am Abend gemacht werden, denn dann können Sie einen Teil Ihres Tages, einen kleinen Teil, auswählen, auf den sich diese Übung bezieht.

Sie erinnern sich also daran, was Sie zu einem bestimmten Zeitpunkt des Tages getan haben, ein Treffen, ein Gespräch, ein Besuch im Supermarkt, ein Mittagessen, was auch immer. Sie wählen nicht einen Moment, in dem Sie allein in Ihrem Büro sitzen, sondern es muss ein Teil Ihres sozialen Lebens sein. Man wählt eine Szene aus der Vielfalt des vergangenen Tages aus und macht sich dann ein möglichst genaues Bild – und mit 'Bild' meine ich nicht nur visuell, sondern auch durch Hören, Riechen, Schmecken und so weiter. Sie machen sich einen vollständigen Sinneseindruck, ein Bild von dem, was Sie erlebt haben. Alles sollte so präzise, detailliert, farbenfroh und klangvoll wie möglich sein. Auch der Inhalt ist wichtig. Auch wenn es sich dabei weniger um einen reinen Sinneseindruck handelt, so ist es doch für die Bestimmung Ihrer Aufmerksamkeit wichtig, dass Sie sich z. B. an den Inhalt eines Gesprächs so genau wie möglich erinnern. Sie sehen schon, dass man dafür nicht zu viel Zeit am Tag wählen kann, denn nur fünf Minuten Übung reichen dann wirklich nicht aus. Dies ist eine expandierende Sache. Wenn man damit anfängt, scheint es zunächst sehr einfach zu sein, doch nach und nach entdeckt man immer mehr Details, die man beobachtet hat oder die man hätte beobachten sollen, die man beobachten wollte und die man nicht beobachtet hat, und so entsteht ein wunderbares Bild, das teilweise ausgefüllt, teilweise aber auch vergessen wurde, weil man nicht aufgepasst hat. Dann füllen Sie das Fehlende mit Ihrer Fantasie aus. Wenn Sie also im Zimmer des Geschäftsführers waren und sich mit ihm unterhalten haben und nicht gesehen haben, in welcher Farbe die Wände gestrichen waren, welche Bilder oder Teller oder Kalender oder was auch immer an der Wand hingen, nicht gesehen haben, was für eine Decke es gab, dann haben Sie natürlich den Geschäftsführer schon gesehen, aber Sie erinnern sich nicht an die Details. Sie wissen, dass er keine Glatze hatte, dass er Haare auf dem Kopf hatte, aber welche Farbe genau? Wo war der Scheitel, oder gab es keinen Scheitel, war das Haar kurz geschnitten, war es länger, wie waren seine Augenbrauen, seine Hautfarbe, die Form seiner Nase, seine Lippen. Es geht absolut nicht darum, ein Urteil zu fällen, das ist nicht der Punkt, es geht nur um die Genauigkeit der Beobachtung. Und soweit man die Details nicht gesehen hat, füllt man sie mit seiner Vorstellungskraft aus, so dass es ein reiches Sinnesbild wird, das auch klingt, das einen Inhalt hat, das einen bestimmten Geruch hat, einen bestimmten Nachgeschmack und so weiter.

Es wird klar sein, dass man, wenn man dies tut, schon beim ersten Mal einen Eindruck davon bekommt, wie wahrnehmungsfähig man ist, wie intensiv und eindringlich man vorgegangen ist, und was davon in der Erinnerung bleibt.

Sie könnten sagen: Ja, aber ich habe ein schlechtes Gedächtnis, also habe ich das alles gesehen, aber ich habe es vergessen. Dann kehren Sie das Verhältnis der Dinge um. Das Gedächtnis kann nicht gut sein, wenn die Beobachtung nicht mit voller Aufmerksamkeit gemacht wird. Je aufmerksamer eine Person ist, desto besser ist ihr Gedächtnis. Das Nachlassen der Achtsamkeit führt schließlich zu einem Gedächtnisverlust. Es handelt sich eigentlich nicht um einen Gedächtnisverlust, sondern um einen Verlust des Bewusstseins, so dass die Tatsachen des Lebens so schwach ins Bewusstsein treten, dass sie nicht mehr erinnert werden können.

Das werden Sie gleich bei der ersten Übung merken. Wie viel gibt es, was Sie nicht gesehen, nicht gehört, nicht geschmeckt, nicht gerochen, nicht gemessen haben, könnte man sagen: War der Raum groß, war er klein? Am besten erinnert man sich vielleicht daran, wie man sich während des Ereignisses gefühlt hat. Das hängt davon ab, wie stark die Begierde ist. Je stärker Sie von der Begierde umhüllt sind, desto stärker bleibt die Erinnerung daran, wie Sie sich in dieser bestimmten Situation gefühlt haben.

Das ist der Grund, warum die meisten Menschen nach einem Ereignis ein gewisses Nachgefühl haben, und warum dieses Nachgefühl immer wieder im Kopf zirkuliert. Es kann so stark sein, dass man für den Rest des Tages überhaupt kein Bewusstsein mehr hat, weil man von den Nachwirkungen der Begehrenskraft umhüllt ist.

Bei dieser ersten Übung geht es aber vor allem um die reine Sinneswahrnehmung, die dazu führt, dass man sich ein möglichst genaues Bild von dem Ereignis macht. Und eine Frucht dieser Übung ist die Selbsterkenntnis der Unachtsamkeit.

DAS ÜBEN

Das Problem bei einem Buch wie diesem ist, dass man als Leser auf wenigen Seiten vor eine Lebensaufgabe gestellt wird. Ich habe die erste Übung beschrieben, und es ist naheliegend, zur zweiten überzugehen. Man kann aber nicht erwarten, dass man, wenn man diese Übung einmal gemacht hat, sie perfekt beherrscht. Das ist natürlich in keiner Kunst der Fall. Denken Sie an den Klavierunterricht, wenn Sie welchen hatten, oder an ein anderes Musikinstrument oder eine andere Fähigkeit, die Sie gelernt haben. Sie bekommen ein Musikstück oder einen Teil eines Stücks für die kommende Woche als Aufgabe und üben es. Es ist nicht so, dass, wenn man es einmal gesehen oder gehört hat, man es schon beherrscht. So ist es auch bei diesen Übungen. Sie zu beschreiben ist einfach genug, sie zu lesen ist einfach genug; die Überwindung des Mangels an Lust oder Zeit ist das erste Hindernis auf dem Weg. Aber dann muss das 'keine Lust und keine Zeit haben' täglich über einen langen Zeitraum hinweg überwunden werden. Und das kann man in einem Büchlein nur sagen, aber man kann es nicht zeigen, man kann es nicht tun, man kann den Leser nicht anregen, außer durch diese Worte, die ich jetzt sage. Der Leser muss das Feuer entfachen und es am Brennen halten.

Dazu ist es wichtig, immer wieder an den Anfang zurückzugehen und sich den Gedanken einzuprägen, dass die Welt und die Menschheit nicht vorankommen werden, wenn sich der vernunftbegabte Mensch nicht entwickelt. Und das ist es, was jeder Mensch tun muss. Darin liegt auch ein absoluter Moment der Freiheit, denn niemand kann einen zwingen, man muss es wirklich selbst tun.

Wenn ein Mensch sich so entwickelt, dann entsteht allmählich eine immer vollkommenere Beobachtungsgabe, ein immer tieferes Bewusstsein, und wenn man dann noch Denkübungen damit verbindet, dann kommt man wirklich an den Punkt, wo man, wenn man politische oder soziale oder wissenschaftliche Fakten serviert bekommt, selbst bestimmen kann, selbst feststellen kann, inwieweit sie wahr sind oder nicht.

Sehr oft wird man sagen müssen: 'Ich weiß es nicht'. Allwissend wird man dadurch sicherlich nicht. Aber man entwickelt die Wachsamkeit für Unwahrheiten und bildet ein genaues Unterscheidungsvermögen. Das bedeutet auch, dass die Meinungsverschiedenheiten und Differenzen zwischen Menschen, die sich auf diese Weise entwickelt haben, nicht mehr existieren würden. Denn obwohl jeder Mensch einen individuellen Zugang zur Wahrheit hat, ist diese Wahrheit an sich universell. Und wenn Sie die Wahrheit oder Unwahrheit eines Ereignisses oder einer Aussage oder eines Artikels oder was auch immer richtig einschätzen, dann werden Sie in Ihrem Mitmenschen immer einen Verbündeten finden, wenn er sich in gleicher Weise entwickelt hat. Das wäre der wahre Frieden auf Erden. Nicht eine erzwungene 'Inklusivität', nicht ein erzwungener Verzicht auf die Exklusivität der Menschen, sondern eine entwickelte harmonische 'Einigkeit', die auf Wahrheit beruht.

Wenn man also einmal mit dem Üben angefangen hat, muss man lange Zeit weitermachen. Und man wird feststellen, dass man irgendwann einen Punkt erreicht, an dem man den Eindruck hat, dass man nicht mehr weiterkommt. Dann ist es nicht schlecht, eine Pause zu machen, aber nach einer Weile wird man, wenn man auf sich achtet, merken, dass man allmählich nachlässt, und man wird die Übung wieder aufnehmen. Nehmen wir an, wir machen die erste Übung eine Woche lang. Diese Zeit ist viel zu kurz, aber auch unser Durchhaltevermögen muss trainiert werden. Wie lange kann der moderne Mensch immer wieder das Gleiche tun? Eine Woche bedeutet: Schauen Sie sich am Ende eines jeden Tages eine Szene des Tages an, machen Sie sich ein Bild davon, stellen Sie fest, was Ihnen aufgefallen ist und was nicht, vervollständigen Sie das Bild zu einem reichen Sinnesbild und kehren Sie dann einfach zur Ordnung des Tages oder Abends zurück. Wenn Sie das intensiv genug tun – und das hat nichts mit der Dauer zu tun, sondern mit dem Einsatz Ihres Engagements, Ihrer Liebe – dann werden Sie nach kurzer Zeit feststellen, dass die Lücken in Ihrem Bild weniger gravierend werden, dass Sie offenbar besser aufgepasst haben. Und allmählich werden Sie eine gewisse Zufriedenheit mit sich selbst finden können, weil das Erinnerungsbild nicht mehr viel Ergänzung braucht.

Nehmen wir an, dass dies nach einer Woche einigermaßen der Fall ist. Dann können Sie zur zweiten Übung der Sinnesbeherrschung übergehen.

DIE ZWEITE ÜBUNG

Während man bei der ersten Übung auf etwas zurückblickt, was geschehen ist, blickt man jetzt nach vorne und fasst einen ganz bestimmten Vorsatz, den man dann zu einem von einem selbst gewählten Zeitpunkt in die Tat umsetzt. Man gibt nicht nach der ersten Übung auf, sondern macht weiter. Aber jetzt, am Morgen, wählt man einen bestimmten Zeitpunkt am Tag oder am Abend, an dem man eine direkte Beobachtungsübung machen möchte. Jetzt kann man im Büro, im Wohnzimmer, im Schlafzimmer oder im Auto sitzen. Oder man geht spazieren oder macht eine Fahrradtour. Was auch immer man tut, man nimmt sich einen kleinen Teil der Zeit für eine Wahrnehmungsübung.

Und mit der Frucht der ersten Übung versuchen Sie nun bewusst, möglichst viele Sinnesqualitäten in der Situation, in der Sie sich befinden, möglichst umfassend, präzise und tief wahrzunehmen. Wenn Sie ein Gespräch wählen, machen Sie es sich selbst sehr schwer. Es ist besser, eine Situation zu finden, in der Sie am Anfang alleine sind. Und dort versuchen Sie, alle Sinneseindrücke, die in diesem Moment vorhanden sind, so gründlich und umfassend wie möglich aufzunehmen. Während Sie dies tun, verbieten Sie sich jeden anderen Gedanken als den, der mit der Sinneswahrnehmung verbunden ist. Sie dürfen nicht über das hinausdenken, als was Ihnen die Sinne zeigen. Sie müssen auch nicht empfinden, dass Sie es angenehm oder unangenehm finden. Es geht rein um den objektiven Sinneseindruck.

Der Vorhang vor dem Fenster, wie er fällt, aus welchem Material er ist, ob er alt oder ganz neu ist, wie er gemacht ist, ob er passt oder ob er unproportional ist, all das sieht man, aber man denkt sich nichts dabei. Sie assoziieren es auch nicht mit Dingen, die im Moment nicht sichtbar sind. Man denkt nicht: 'Die Leute, die das in diesem Raum gemacht haben, sind immer schlampig und deshalb passt es nicht genau'. Oder andersherum: 'Sie haben es offensichtlich von einer Firma genau nach Maß anfertigen lassen, aber sie haben auch viel Geld'. Das sind die gewöhnlichen assoziativen Gedanken, die mit den Sinneseindrücken verbunden sind, und die mit der gesamten menschlichen Begierde zu tun haben. Sie unterlassen dies bewusst. Man kann sozusagen beobachten, ob etwas hängt, steht oder liegt, aber das ist auch schon alles. Und Sie fügen diese Übung zu Ihrer ersten Übung hinzu. Wenn Sie das getan haben, blicken Sie zurück auf die bewusste Sinneswahrnehmung, die Sie irgendwann im Laufe des Tages gemacht haben.

DIE DRITTE ÜBUNG

Wir folgen immer noch dem Rat Krishnas an Arjuna, wie er in der Bhagavad Gita erklingt oder widerhallt: 'Überwinde zuerst die Sinne und dann die Begierde.' Wir haben bereits gesehen, dass die Begierde bis zu einem gewissen Grad in der zweiten Übung auftaucht, in der Ermahnung, keine anderen Gedanken mit den Sinneswahrnehmungen zu verbinden, außer denen, die wirklich nur sichtbar, hörbar usw. sind. Ich habe das Beispiel der Vorhänge genannt. In der dritten Übung zur Sinneswahrnehmung geht es also darum, sich des Begehrensaspektes in der Sinneswahrnehmung bewusst zu werden. Wir haben jetzt zwei Wochen lang die Wahrnehmung geübt. Wir haben ein Bild aus dem Gedächtnis geformt und eine Absicht zur Verbesserung, zur Entwicklung der Wahrnehmung verwirklicht. Das hat uns sicherlich zu einem größeren Bewusstsein geführt. Und Bewusstsein ist ein Aspekt der Liebe.

Stellen Sie sich vor, Sie haben einen Partner, der immer wieder sagt, dass er Sie liebt, der aber nichts oder nur sehr wenig von Ihnen bemerkt. Auf lange Sicht werden Sie diese Äußerungen als ziemlich leer empfinden. Wenn Sie die Liebe eines anderen spüren, ist ein wichtiger Aspekt, dass Sie wahrgenommen werden. Und natürlich nicht nur, dass Sie da sind, sondern dass Sie mit Ihren Qualitäten, Ihren Freuden und Sorgen wahrgenommen werden. Dass es ein Interesse an Ihren Höhen und Tiefen gibt.

In den letzten zwei Wochen haben wir also tatsächlich die Praxis der Liebe geübt und verbessert. Und das wird es uns ermöglichen, diese dritte Übung zu machen, die viel mehr Aufmerksamkeit auf sich selbst erfordert als die beiden vorherigen: Wir verwenden die beiden vorherigen Übungen. Wenn wir das Erinnerungsbild gestalten, fügen wir ihm nun eine Dimension hinzu. Am Anfang habe ich angedeutet, dass es mit dem Aspekt der Begierde zu tun hat, wenn man sich daran erinnert, wie man sich in dieser Lebensszene des Tages gefühlt hat. In dieser dritten Übung werden wir uns nun besonders damit befassen.

Während Sie das Erinnerungsbild formen, achten Sie jetzt sehr genau auf die Abschweifungen, die Sie von der reinen Sinneswahrnehmung gemacht haben. Dass Sie zu allen möglichen Meinungen und Urteilen gekommen sind, zu Gefühlen, Interpretationen, Gedankenverbindungen, Kombinationen von Faktoren, die Sie dann ohne jede Grundlage miteinander verbinden. Das ist es, was wir in der dritten Übung untersuchen wollen.

Bei der zweiten Übung, bei der wir uns vorgenommen hatten, so intensiv, gründlich und genau wie möglich zu beobachten, ist es wichtig, dass wir jetzt sehr genau auf alles achten, was um die Beobachtung herum passiert ist. So wie wir mit der ersten Aufgabe umgehen, gehen wir auch mit der zweiten Aufgabe um. Wir achten auf die ganze Wolke von Assoziationen, Meinungen, Urteilen usw., die die Sinneswahrnehmung umgibt, und die in Wirklichkeit nichts direkt mit den realen Sinneseindrücken zu tun hat. Natürlich können Elemente dieser Wolke sehr wertvoll sein. Und wenn Sie 'Ihre Wolke' richtig verwalten, können Sie sogar ein großer Künstler sein. Aber jetzt, bei dieser Übung, wird die Wolke von der Sonne der Sinneseindrücke weggefegt, und wir erlauben uns nicht, diese Wolke zu rechtfertigen. Es geht um die Selbsterkenntnis. Die Selbsterkenntnis, wenn sie aufrichtig ist, wird uns dazu bringen, immer reiner wahrzunehmen. Das bedeutet nicht, dass Sie für immer auf Meinungen, Urteile und Gedankenverbindungen verzichten müssen. Auf keinen Fall, denn diese sind sehr wertvoll und von größter Bedeutung. Aber weil sie von Begierde durchdrungen sind, haben sie eine rein egoistische Bedeutung und das Objektive in ihnen wird kaum beachtet.

In der Tat, große Erfindungen, große Kunstwerke, sie erscheinen in dieser Wolke. Aber das sind Menschen, die in der Lage sind, das rein persönliche Egoistische von dem zu trennen, was in dieser Wolke eine universelle Bedeutung hat. Dann wird das Gefühl, dann wird die ganze Aura der Sinneswahrnehmung zur Inspiration für wahre Kunst. Aber dazu muss man erst einmal kommen, wenn man nicht schon von Anfang an dazu veranlagt war.

Jetzt wird es viel schwieriger, diese Übung konkret zu machen, denn man muss etwas betrachten, das mehr oder weniger weg ist, das flüchtig ist und für das man auch seine persönliche Liebe hat. Wenn man schon keine Lust hat, die Übungen zu machen, wird der Widerwille nicht geringer, wenn man sich selbst kritisieren muss. Aber man sollte es nicht auf diese Weise machen. Man sollte es nicht so machen, als wäre man ein Meister, der einen dummen Schüler ansieht, sondern man sollte es mit Liebe tun. Man muss seine Aufmerksamkeit auf die Wolke der Begierde lenken, die die Sinne umgibt, und sich bewusst machen, dass es sich um etwas Allgemeinmenschliches handelt, in dem jeder Mensch gleichsam versunken ist. Das heißt, mehr oder weniger. Aber der Mensch kann in diesem Entwicklungsstadium nicht völlig frei davon sein. Man muss sich also nicht selbst ablehnen, man kann kritisch, wahrnehmend, klar wach schauen, ohne etwas anderes damit zu verbinden. Nur dann kann man erkennen, wie alle Sinne getrübt sind.

Wenn Sie dies zu erkennen beginnen, versuchen Sie die zweite Übung so zu gestalten, dass Sie die geübte Sinneswahrnehmung mehr und mehr rein werden lassen. Ohne jegliche persönliche Einmischung. Als ob es keine Rolle spielen würde, ob man selbst die sinnliche Wahrnehmung vornimmt, oder ob es ein guter Freund oder Feind ist. Reines Schauen, Hören, Berühren, Schmecken, Riechen, Wärme- und Kälteempfinden, und so kann man eine ganze Reihe von Sinneseindrücken haben, ohne dass sie das Arsenal an Meinungen, Urteilen und Assoziationen auslösen.

Um diese Übungen immer besser durchführen zu können, ist es wichtig, dass wir uns die ganze Vielfalt der möglichen Sinneseindrücke, die verschiedenen Sinne selbst, ins Gedächtnis rufen, damit wir lernen, immer umfassender wahrzunehmen.

ZWÖLF SINNE

Wir müssen nun eine kleine inhaltliche Studie über die Sinne einfügen, und dann sehen, inwieweit wir dieses Wissen für die Vertiefung, die Erweiterung, die Entwicklung der Wahrnehmung nutzen können. Die Wissenschaft kennt im Allgemeinen fünf bis acht Sinne: Hören, Sehen, Riechen, Schmecken, Tasten, ergänzt durch Wärme- und Kältesinn (der dann ein Sinn ist), Propriozeption (Druckgefühl in den Muskeln) und Gleichgewicht. Das macht acht. Aber genau genommen haben wir mehr Sinne als diese, wenn wir ein Sinnesorgan als ein Organ verstehen, das direktes Wissen ohne das Eingreifen des Denkens übermittelt, und als ein Organ, das Informationen in Bezug auf Objekte liefert, die tatsächlich in der Außenwelt oder im eigenen Körper vorhanden sind. Man könnte ganze philosophische Abhandlungen und auch Diskussionen über all diese Bezeichnungen schreiben, aber wir werden es mehr oder weniger naiv halten und von dem ausgehen, was man von selbst weiß.

Dann kann man sagen: 'Ja, wir haben einen *Tastsinn*'. Damit schotten Sie sich tatsächlich von der Außenwelt ab. Weil man Druck, Gegendruck von der Außenwelt erfährt, fühlt man diese Welt der Objekte, die außerhalb des eigenen Körpers stehen, liegen, sind.

Aber genauso spürt man auch seinen eigenen Körper. Das muss man auch als Sinneseindruck bezeichnen, und man könnte es den *Lebenssinn* nennen, der uns mehr oder weniger direkt, aber vage, Informationen über den Lebenszustand unseres Körpers gibt. Bin ich fit, bin ich müde, habe ich Fieber, habe ich Schmerzen und so weiter.

Dann haben wir den *Bewegungssinn*, der in gewisser Weise mit der bereits erwähnten Propriozeption zusammenhängt, d. h. wir haben eine genaue Wahrnehmung von der Position und der Bewegung unseres Körpers. Man hat es nicht nur, wenn man es ansieht, sondern man hat es wirklich von innen heraus.

Dann haben wir den Sinn für das Gleichgewicht. Menschen, die eine Störung dieses Sinns haben, wissen nur dann wirklich, was der *Gleichgewichtssinn* ist, wenn er gesund ist. Es ermöglicht den Erhalt der eigenen Position, auch wenn sich etwas um einen herum bewegt. Aber auch wenn man sich selbst bewegt, kann man das Gleichgewicht halten. Man passt sich auf unnachahmliche Weise an Veränderungen der Körperhaltung an. Man fühlt sich in einer Position im Verhältnis zum Raum. Es ist jedem Menschen möglich, sich selbst auf seinen Gleichgewichtssinn hin zu überprüfen.

Dann haben wir den *Geruchssinn*, den *Geschmackssinn*, den *Sehsinn*, den *Hörsinn*, den *Wärmesinn*, das sind alles sehr vertraute Sinne, sie brauchen keine weiteren Worte.

Aber es gibt auch den Sinn, mit dem man *Klänge* unterscheiden kann. Das sind keine Tonhöhen, sondern Klänge, durch die man Wörter verstehen kann. Es ist noch kein Verständnis, aber man kann sie verstehen. Wenn man eine Fremdsprache hört, versteht man nicht, was gesagt wird, aber man hört die Laute, man kennt sie. Und aus diesen Klängen kann man ein zusammenhängendes Wort bilden. Eine Sprache zu lernen bedeutet, die Bedeutung der Wörter kennen zu lernen. Aber die Klänge werden direkt wahrgenommen. Wenn man als Kind in einem bestimmten Sprachraum aufwächst, dann lernt man zielsicher, wie man diese Laute hörbar macht. Wenn man später eine Sprache lernt, dann ist das sehr schwierig oder kann sehr schwierig sein.

Wenn man dann eine Reihe von Lauten hört und die Bedeutung darin spürt – man muss die Sprache also wirklich sprechen oder verstehen können –, dann könnte man das als *Begriffssinn* bezeichnen. Wenn man 'Tisch' sagt, dann ist dieses Wort nicht nur ein Klang, sondern es wird zu einem Wort, und sobald ich dieses Wort in meiner eigenen Sprache höre, weiß ich, was es bedeutet. Ich kann sogar, wenn mehrere Wörter gesprochen werden und ich einen Satz höre, diesen Satz verstehen, der aus mehreren Wörtern besteht. Das geschieht sofort, ich muss nicht darüber nachdenken. Es fällt mir sofort ein, in diesem Sinne ist es genau genommen ein Sinn.

Und dann habe ich endlich die Möglichkeit, wenn ich einem mir bekannten Mitmenschen begegne, dass ich sofort weiß, wer es ist. Dann kann man sagen: 'Das ist eine komplexe Wahrnehmung, durch die ich die genaue Form dieser Person kenne', aber es geht noch weiter, man erkennt auch das Wesen. Und man erkennt dieses Wesen, auch wenn man jemanden nicht kennt. Dann weiß man vielleicht nicht, wer es ist, aber man weiß sofort, dass es ein in sich selbst ruhendes Wesen ist. Wenn man diesem Wesen einen Namen geben will, nennt man sich 'Ich'. Und das ist es, was jeder Mensch tut. Das ist ein Rätsel. Dass man zu sich selbst 'Ich' sagt, und dass jemand anderes das Gleiche tut. Er sagt es nicht zu mir, er sagt es zu sich selbst. Und das Wesen, zu dem diese andere Person 'Ich' sagt, das ist das, was man erkennt, wenn man mit dieser Person zu tun hat. Das ist ein direktes Gefühl, man muss nicht darüber nachdenken. Das ist der *'Ich'-Sinn*.

Wir haben also zwölf Sinne zusammen. Und nun ist es natürlich unmöglich, dass man sich bei einer Beobachtung, wie wir sie in den vergangenen Übungen gemacht haben, bewusst wird, welche Sinne man bei jeder Beobachtung benutzt hat, und ob man sie voll genutzt hat. Aber es kann helfen, wenn man sich des Reichtums der Sinneswahrnehmung bewusst ist. Und man kann auch, wenn man die Gedächtnisübung macht, sehen, ob man wirklich seine zwölf Sinne benutzt hat. Man kann auch, wenn man die zweite Übung macht, bei der man versucht, seine Wahrnehmung zu entwickeln, versuchen, diese Entwicklung in Gang zu bringen, indem man sich fragt, wie sehr diese zwölf Sinne in Gebrauch sind. In diesem Sinne könnte man sagen, dass man in der dritten Übung, wenn man anfängt eine möglichst reine Sinneswahrnehmung zu üben, indem man sich bewusst macht, wie unrein sie ist, allmählich eine Brücke zu einer vierten Übung schlägt, in der man sich darin übt, in einem Moment eine Sinneswahrnehmung zu machen, die so umfangreich, so tief und so umfassend wie möglich ist, aber auch so rein wie möglich. Und wenn man die vierte Übung lange genug gemacht hat, wird es eine fünfte Übung geben. Aber zuerst werden wir die vierte Übung erarbeiten.

DIE VIERTE ÜBUNG

Die vierte Übung besteht darin, die Sinne zu reinigen. Man kann nicht wahrnehmen, ohne zu denken. Das werden wir in der fünften Übung lernen. Aber man kann wahrnehmen, ohne über die Wahrnehmung nachzudenken und ohne andere Gedanken als den Inhalt der Wahrnehmung zuzulassen. Wir haben unser Bewusstsein so weit geschult, dass wir dies jetzt versuchen können, und es ist wichtig, dass wir uns bewusst sind, dass dies nicht bedeutet, dass wir nur objektiv wahrnehmen. Liebe ist niemals objektiv, Liebe ist eine subjektive Kraft. Sie geht von der eigenen Person aus. Und sobald man seine Aufmerksamkeit auf ein bestimmtes Sinnesobjekt richtet, ist das Subjekt beteiligt.

Es ist nicht möglich, eine solche Sinnesbeobachtung außerhalb der Beteiligung der eigenen Person durchzuführen. Allein die Tatsache, dass man seine körperlichen Sinnesorgane benutzt, subjektiviert die Wahrnehmung. Man stelle sich vor, dass man farbenblind ist und ein bestimmtes Objekt betrachtet, z. B. eine Pflanze im Garten, dann wird die Qualität der Wahrnehmung etwas anders sein als bei jemandem, der nicht farbenblind ist. Jemand, der ein absolutes musikalisches Gehör hat, wird Musik anders hören als jemand, der es nicht hat. Man nimmt also seine Begabung, aber auch seinen Einsatz in der Sinneswahrnehmung mit.

Und wenn man dann seine Wahrnehmung so sorgfältig wie möglich macht, dann ist diese Sorgfalt auch ein Aspekt der Liebe und damit der Beteiligung an der Wahrnehmung. Das Subjekt engagiert sich für eine objektive Wahrnehmung. Und objektiv bedeutet hier die Wahrnehmung des Objekts, auf das man seine Aufmerksamkeit richtet.

Aber die Wahrnehmung darf nicht subjektiver werden. Und das ist meistens der Fall. Man belässt es nicht bei dem, was man sieht, hört und so weiter, sondern man macht sich alle möglichen Gedanken darüber, man hat Gefühle dazu, vielleicht entsteht ein gewisser Wunsch, das Objekt zu besitzen oder sich von ihm fernzuhalten. Es ist dieser Teil der Subjektivität, den wir jetzt zu kontrollieren versuchen. Dazu muss man die Fähigkeit, die man im Laufe der Wochen entwickelt hat, sich beim Beobachten seiner selbst bewusst zu werden, besonders nutzen. Man sieht dann, wie reichhaltig das Subjekt die Wahrnehmung färben will. Und das ist genau das, was wir nicht wollen. Ich habe schon gesagt: Das heißt nicht, dass es für immer so bleiben muss, es geht um die Übung.

Wenn wir uns daran erinnern, wie es zu einem Zeitpunkt Anfang des Jahres 2020 immer offensichtlicher wurde, dass sich eine Virusinfektion in Wuhan, China, ausbreitete und die ganze Welt gespannt darauf wartete, ob sich diese Virusinfektion in der ganzen Welt ausbreiten würde, hätten wir die Möglichkeit gehabt, diese Information mit reiner Sinneswahrnehmung aufzunehmen. Das ist natürlich sehr anstrengend, vor allem, wenn Ängste entstehen und andere Emotionen aufgewühlt werden. Das wird dann sehr leicht zum subjektiven Element, das bei jeder Wahrnehmung dieses Problems hervorgerufen wird.

Aber angenommen, wir hätten diese Möglichkeit. Wir hätten einfach die Tatsachen beobachtet, wie sie in den Medien erschienen sind, und wir hätten sie nicht ergänzt, wir hätten eine Meldung nach der anderen aufgenommen, und da wir weder erschrocken noch verärgert waren über die Aufregung, die um dieses Virus gemacht wurde – zwei Seiten dessen, was bei solchen Meldungen passieren kann –, hätten wir Schritt für Schritt festgestellt, ob diese Meldungen in den Medien wahr sind oder nicht. Es ist natürlich nicht so, dass man jede Mitteilung auf ihre Richtigkeit hin beurteilen kann, denn man bekommt etwas präsentiert und muss zunächst einfach annehmen, dass das, was man in dieser Mitteilung wahrnimmt, auch etwas mit ihr zu tun hat. Das bedeutet nicht, dass man von vornherein davon ausgeht, dass sie wahr ist, aber es bedeutet auch nicht, dass sie falsch ist. Man muss abwarten. Bei den in den Medien geschilderten Ereignissen hätte man deren Wahrheitsgehalt alleine anhand der Art und Weise, wie sie dargestellt wurden, beurteilen können. Nicht sofort, nicht nach zehn oder zwanzig Artikeln in der Zeitung. Aber langsam. Langsam wäre klar geworden, ob es Ungereimtheiten in dieser Berichterstattung gab, ob bestimmte Dinge mitgeteilt wurden, und dann die Mitteilung durch eine ganz andere Mitteilung wieder aufgehoben wurde. Das würde man beobachtet haben, das hätte man genau verfolgt, und man hätte sicher gewusst, zum Beispiel im Laufe der Zeit, dass hier etwas anderes vor sich geht, als man – und wer das ist, weiß man noch lange nicht – glauben machen will. Im Prinzip wäre es auch möglich, dass man zunehmend den Eindruck gewonnen hätte, dass das, was einem präsentiert wird, wahr ist.

Man muss dann damit zurechtkommen, dass man eigentlich nichts weiß, außer dass dies nicht die Wahrheit ist, oder dass dies die Wahrheit ist. Man wird auch nicht versuchen, diese Wahrheit auszufüllen, wie es bei der ersten Übung der Fall war, als man bestimmte Lücken mit der Vorstellungskraft ausfüllte. Diese Tendenz besteht jetzt, aber man tut es nicht. Man wartet, und man weiß: Es wird immer ein Moment im Lauf der Ereignisse kommen, in dem eine ruhige, genaue Beobachtung zur Wahrheit führen wird. Das ist der Grund, warum wir diese Übung machen. Wir machen diese Übung, um die ganze subjektive Welt der Meinungen,

Urteile, Ängste, Vorlieben und so weiter von der Wahrnehmung fernzuhalten, so dass man die Wahrnehmung rein haben kann, so wie sie ist, und man wird im Laufe der Zeit, der Erfahrung, sehen, dass die Wahrnehmung selbst durch ihre Verbindung mit anderen Wahrnehmungen zur Wahrheit führen wird. Nur muss man zufrieden sein, dass man nicht sensationelle tiefere Hintergründe sieht, nicht sofort, sondern dass es sein kann, dass man nur die Gewissheit hat: 'das ist wahr', oder 'das ist nicht wahr'.

Das wird unsere vierte Übung sein. Das bedeutet, dass diese Wolke aus Sympathie und Antipathie, aus positiver und negativer Begierde, nachdem sie zunächst erkannt wurde, nun bewusst weggestrahlt wird. Man nimmt wahr, und man nimmt nur wahr. Und die ganze Anstrengung der Person ist der reinen Wahrnehmung gewidmet.

Das Beispiel, das ich gerade gegeben habe, ist ein Beispiel für die Wahrnehmung von Inhalten mit dem Klang- und dem Begriffssinn. Natürlich kann man dieses Prinzip auch in den anderen Sinnen anwenden, dort ist es in der Regel einfacher, was die Beurteilung angeht, aber der Verzicht auf Sympathie, Antipathie, Begierde, Habenwollen und so weiter ist natürlich auch in den anderen Sinnen nicht einfach. In der Werbung wird bewusst die Tatsache genutzt, dass der Mensch mit seiner Sinneswahrnehmung so umgeht, dass er für bestimmte Kompositionen empfänglich ist. Natürlich kennen wir auch die Industrie der Gerüche. Man kann Geruchseindrücke nutzen, um Begehrlichkeiten zu wecken. In dieser vierten Übung wollen wir das Gegenteil erreichen, d. h. es soll uns gelingen, rein über die Sinne wahrzunehmen, ohne über das hinauszugehen, was die Wahrnehmung direkt zu sagen hat.

DIE FÜNFTE ÜBUNG

Und so kommen wir zur fünften Wahrnehmungsübung, bei der es um Folgendes geht:

Man kann Wahrnehmung und Denken voneinander trennen. Und wir haben in der vierten Übung versucht, diese Trennung so vollständig wie möglich zu machen. Aber es bleibt natürlich wahr, dass man, wenn man wahrnimmt, weiß, was man wahrnimmt. Man starrt die Dinge nicht gedankenlos an. Man sieht den Balken in der Decke und merkt, dass es ein Balken in der Decke ist. Zwar ging man nicht darüber hinaus, dachte nicht: 'Was ist das für ein Holz?', wenn man es nicht sofort sah, oder dachte: 'Wie schief ist das?' oder 'Die Balken an der Decke gefallen mir nicht'. Diesen Balken hat man nur wahrgenommen, aber man wusste, was man wahrgenommen hat. Vielleicht haben Sie sogar auf den ersten Blick erkannt, aus welchem Holz der Balken besteht, das hängt von Ihrer Erfahrung in diesem Bereich ab. Man kann nicht vollständig zwischen Wahrnehmung und Denken trennen, wenn man Denken als 'Wissen von' betrachtet. Dann muss man erkennen, dass in der einfachen Sinneswahrnehmung eine bestimmte Art des Denkens steckt. Nämlich jenes Denken, durch das man weiß, was es ist. Auch hier kann man vom kleinen Kind lernen, denn das kleine Kind muss erst noch lernen, den Sinneseindrücken einen Sinn zu geben. Das ist ein sehr komplizierter Prozess, und an sich ist es für diese fünfte Übung sehr nützlich, sich zu fragen, wie das eigentlich mit dem kleinen Kind funktioniert, ohne psychologische und pädagogische Bücher zu konsultieren. Man sieht dann, dass Kinder Dinge wiedererkennen, auch wenn sie noch keine Worte dafür haben. Und man sieht, dass das Erkennen einen viel elementareren, aber andererseits auch einen viel umfassenderen Charakter hat als bei dem vertrockneten Erwachsenen. Beim Kind ist dieses Erkennen noch in vollem Umfang vorhanden, und obwohl es kein genau definiertes Verständnis der Dinge hat, verfügt es doch über die Fähigkeit zum Wiedererkennen. Die Erzieherinnen und Erzieher haben dann die Funktion, diese Fähigkeit zum Wiedererkennen zu benennen, zu schärfen und damit auch immer abstrakter zu machen.

Als Erwachsener befindet man sich also in der Situation, dass man, wenn man etwas beobachtet, mehr oder weniger sofort die passenden Worte dazu findet. Und das bedeutet eine Verengung, ein Austrocknen der Fülle des Wissens, das ursprünglich vorhanden ist. Nun können wir nicht alles in einer Woche wollen, wir werden höchstwahrscheinlich nicht in der Lage sein, gewahr zu werden, welches Verständnis man in der Wahrnehmung haben könnte, wenn man auf die Benennung verzichten könnte. Wir müssen uns zunächst damit begnügen, uns dieser Namensgebung bewusst zu werden. Und das ist schon wundersam genug. Man sieht den Balken an der Decke, und man weiß, was man sieht. Dass man weiß, was man sieht, ist das Denken. Wenn Sie das herausfiltern würden, würden Sie immer noch sehen, was Sie sehen, aber Sie hätten keine Ahnung, was es ist. Es gibt immer noch Momente im Erwachsenenleben, in denen man sich in einem solchen Zustand befindet. Dass man etwas wahrnimmt, aber keine Ahnung hat, was es ist. Aber das sind Raritäten. Normalerweise weiß man bei der Sinneswahrnehmung sofort, was es ist. Die Psychologie spricht von der Erinnerungsfähigkeit des Menschen, und das kann man verstehen, da ist sicher etwas dran. Denn natürlich kann man nicht wissen, dass man einen Balken sieht, wenn man nicht die Erinnerung hat, dass das, was man dort sieht, ein Balken ist. Die Namensgebung kommt also definitiv aus dem Gedächtnis. Aber das tragende Element eines solchen Balkens zum Beispiel, das in Wirklichkeit das Wesen eines Deckenbalkens ist, ist das, was man als elementar wahrnimmt, weil man davon weiß. Dann kommt man der Wahrnehmung eines sehr kleinen Kindes schon etwas näher. Das ist eine Untersuchung, die Sie durchführen könnten, und sie würde viel länger als eine Woche dauern.

Aber für die fünfte Übung genügt es, die Sinneswahrnehmung so intensiv, präzise, umfassend, rein zu machen, dass es möglich wird, zu sehen, zu schauen, zu erkennen, dass man mit jeder Sinneswahrnehmung auch ein Wissen hat. Ein direktes Wissen. Ein Wissen, das gewissermaßen in der Sinneswahrnehmung liegt. Wenn man die Mechanik des Stützbalkens kennen will, die Kräfte, die in ihm wirken, muss man darüber nachdenken und braucht dann gelerntes Wissen. Man könnte das als Wissenschaft bezeichnen, die über das hinausgeht, was die Sinneswahrnehmung unmittelbar zu bieten hat. Darum geht es nicht, es geht nur um das, woran man erkennt, was man sieht. Das ist eine Form des Denkens, die in der Wahrnehmung vorhanden ist, und dieses Denken kann für uns die Brücke zu dem Denken sein, das wir gerade lernen.

ZWEITER TEIL

DAS DENKEN LERNEN

BUDDHA

Nun beginnt der zweite Teil dieses Buches, nämlich das Lernen des Denkens. Wir brauchten die Sinneswahrnehmung, um an einen Punkt zu gelangen, an dem man anfangen kann, das Denken zu entwickeln. Wir mussten uns bewusst werden, was wir an unnötiger Subjektivität in und um den Wahrnehmungsinhalt legen, die uns daran hindert, ihn im Bereich der Wahrheit zu verwenden.

Andererseits gibt es, wie jeder Mensch naiv weiß, eine Gesetzmäßigkeit in der Welt der Wahrnehmung, die dafür sorgt, dass man, wenn man naiv wahrnimmt und weiß, was man sieht, was man hört, in der Wahrheit ist. In diesem Sinne sind die ersten fünf Übungen eine notwendige Grundlage für die Entwicklung eines Denkens, das mit der Wahrheit verwandt ist.

Auch darüber könnte man eine philosophische Abhandlung schreiben, von der man schon im Voraus weiß, dass sie auf viel Kritik stoßen würde. Deshalb spreche ich von dem Menschen, der naives Wissen hat. Ich will nicht sagen, dass alles auf der Welt wahr und richtig ist. Wenn man aber das Wirken der Natur und die Naturgesetze betrachtet, dann weiß man naiv, dass darin eine Welt der Wahrheit und Weisheit liegt, in der man in Bezug auf die Wahrheit in die Lehre gehen könnte, so dass man, wenn man anfängt, unabhängig von den Sinneseindrücken in sich selbst zu denken, die strenge Schulung der Wahrheit mitnimmt.

Wir hatten das Denken in der Wahrnehmung entdeckt, und jetzt versuchen wir allmählich, das Denken über die Grenzen der Wahrnehmung hinauswachsen zu lassen, während wir der Realität so weit wie möglich folgen.

Als Lehrer können wir einen späteren indischen Inhalt

heranziehen, und das ist der bekannte achtfache Pfad des Buddha.

Buddha war, als er noch Siddharta war, als Königssohn in einem Palast aufgewachsen, in dem es nur Wahrheit, Schönheit und Glückseligkeit gab. Es wurde alles unternommen, um zu verhindern, dass er mit dem Leid der Welt in Berührung kommen würde. Aber als er ein junger Mann wurde, brach er eines Abends aus und ging nach draußen. Und dort begegnete er dem Leiden der Menschheit. Und das weckte in seiner vorbereiteten, mitfühlenden Seele den Wunsch zu verstehen, warum der Mensch solchem Leid ausgesetzt ist. Und er folgte mehreren Meistern, von denen er hoffte, sie könnten ihm die Antwort auf seine Frage geben. Aber bei jedem Lehrer musste er, ohne hochmütig zu sein, antworten, dass er gelernt hatte, was er von diesem Lehrer lernen konnte, und dass er es sogar besser konnte als der Meister – aber dass er keine Antwort auf die Frage erhalten hatte. Bis er schließlich, als er neunundzwanzig Jahre alt war[2], ganz allein unter dem Bodhi-Baum eine Einweihung erhielt, in der er die Einsicht gewann, auf der das Leiden der Menschheit beruht. Das Leiden des Menschen, so erkannte er, beruht auf dem Verlangen nach Dasein. Und dieser Daseinsdrang manifestiert sich in jeder irdischen Inkarnation auf eine andere Weise. Nach dem Tod findet eine Katharsis statt, aber das noch vorhandene Verlangen wartet sozusagen auf die nächste Inkarnation, in der es wieder aufgenommen und in das nächste Leben auf der Erde mitgenommen wird. Das war die Einsicht des Buddha.

Diese Begierdekraft lässt jeden Menschen, der geboren

2 Über das Alter gibt es Meinungsverschiedenheiten.

wird, sozusagen eine Brille tragen, durch die er die Wirklichkeit anders sieht, als sie wirklich ist. Die Diskrepanz zwischen dem, wie es ist, und dem, wie man es sieht, ist das Leiden. Der achtfache Pfad ist also ein schrittweiser Weg, sich selbst so zu verändern, dass das, was man denkt, beurteilt usw., in völliger Harmonie mit dem ist, was ist. Und wenn man zur vollen Gleichheit mit der Wirklichkeit gekommen ist, dann hört der Drang zum Dasein auf, das Leiden hat ein Ende und man muss nicht mehr inkarnieren.

Das ist eine äußerst kurze Zusammenfassung des achtfachen Pfades des Buddha. Und wir wenden uns an ihn, weil wir die Brille, die wir tragen, sehr gut wiedererkennen. Wir haben sie in der Wolke entdeckt, die wir unbewusst um die Sinneswahrnehmung legen; wir haben sie auch in der Anstrengung entdeckt, mit der wir unsere ganze Last von Meinungen und Urteilen aus der Wahrnehmung heraushalten. Man hat etwas bei sich, das sehr mächtig ist und einen nicht in der Realität sein lässt. Und wenn man das Denken wirklich lernen will, muss man es in den Griff bekommen. Der Meinungskampf zwischen den Menschen ergibt sich aus der Tatsache, dass jeder Mensch einen eigenen Vorrat an Meinungsmaterial hat.

Ich habe eine Reihe von Romanen geschrieben, und in der Vergangenheit, 1995, habe ich in dem Roman, den ich damals schrieb, die Position eines buddhistischen Meisters eingenommen. Er lehrt über den achtfachen Pfad und formuliert den ersten Schritt, das Finden der richtigen Meinung, wie folgt:

„'Jeder Mensch baut in seinem Leben eine Wohnung...', begann er, 'eine Unterkunft, worin er sich sicher und geborgen fühlt. Er beginnt klein, mit unsicheren Gebärden... aber im Laufe der Jahre bekommt das Haus ein festes Fundament...' Er

wartete einige Zeit, um die Phantasie der Zuhörer anzuregen. 'Diese Wohnung ist aus dem Material gebaut, das wir 'Meinung' nennen, ‚Auffassung'. Jeder Mensch baut sich ein festes System daraus und wohnt darin. Es ist einem so eigen, dieses Haus... es ist einem teuer. Es ist einem ebenso sympathisch und selbstverständlich nahe wie der eigene Leib. Der eigene Leib ist ein Tempel... die eigenen Meinungen sind das Haus, die Wohnung... man zimmert es selbst, mit dem Material, das man bekommt, durch Erziehung, Unterricht – aber auch durch Sympathie und Antipathie und durch sein Wahrheitsgefühl.
Die Seele wohnt in einem Tempel – aber lebt in dem eigenen Haus. Der Leib ist verletzlich, die eigenen Meinungen sind es auch.
Verletzungen des Leibes muss nicht jeder Mensch ertragen, nicht jeder wird mit Schlägen aufgezogen oder gerät in Kriegsgewalt. Dann stirbt der Körper während des Lebens, langsam aber sicher, bis er schließlich den Elementen zurückgegeben wird. Verletzungen der Wohnung, der eigenen Meinungen, sind unentrinnbar. Kein Mensch kann das vermeiden... und dadurch ist das Haus ein lebendiges Haus, wird es kein starres Gerüst, sondern bleibt in einer fortwährenden Metamorphose. Je mehr man imstande ist, seine Meinung von gestern durch die Geschehnisse von heute zu berichtigen, desto lebendiger ist das Haus... Der Körper lebt auch, aber er verändert sich nur innerhalb der einmal angenommenen Form. Jene Wohnung dagegen kann ihre Gestalt verändern, sie kann von einer unansehnlichen, unharmonischen Hütte zu einer vollkommenen Gestalt werden... der Form nach nicht dem Tempel gleich, der der Körper ist, sondern als Gestalt ein lebendiges, schönes Abbild des Geistes, ein Körper, in dem der Geist wohnen kann, weil dieser mit jenem bis in die entlegensten Winkel einförmig ist.
Sie sind selbst der Baumeister dieses neuen Tempels, liebe Zuhörer! Lassen Sie Ihren Geist nicht unter einer zu kleinen,

nicht passenden, baufälligen Wohnung leiden... Reinigen Sie Ihr Haus, bauen Sie es aus...
Das Leben lehrt Sie, Ihre Meinungen zu berichtigen, manchmal mit harter Hand. Dadurch bauen Sie Ihr Haus um, Sie müssen es. Aber Sie können auch in Freiheit wirken... Stellen Sie sich einmal außerhalb Ihrer eigenen Meinungen... Hören Sie auf Ihren Mitmenschen, als ob dieser Ihren Lieblingsgedanken ausspricht – auch wenn Sie sich selbst davor ekeln sollten. Machen Sie sich los von Ihrem geliebten Haus und schauen Sie es einmal von außen an, als wäre es das Haus eines anderen. Sie werden vielleicht erschrecken... Sie werden es hässlich finden, nicht vollendet, baufällig. Sehen Sie, dass das die Realität ist, dass Sie eine Ruine lieben und träumen, es wäre Ihr Palast... Machen Sie sich auf diese Weise bereit für die Wahrheit. Ihre Meinung darf nicht länger auf dem beruhen, wie Sie etwas sehen – sondern darauf, wie es ist!
Ihre Meinungen sind das Baumaterial für den Tempel Ihres Geistes... Sorgen Sie für das beste Baumaterial, werfen Sie das morsche Holz, den verrosteten Stahl, die spröden Steine hinaus, und suchen Sie Amethyst, Rubin, Diamant... Scheuen Sie sich nicht, ihre Füße auf den dornigen Pfaden zu verwunden, während Sie arbeiten. Seien Sie nicht zufrieden mit Quarz und Kalk...
Wenn Ihre Meinungen reine Spiegelungen dessen, was ist, sind, dann haben Sie sich von Ihren Neigungen befreit, dann sind Sie von sich selbst befreit. Aber derjenige, der da außerhalb dieses Bauwerkes steht, der Baumeister... das erst sind Sie selbst!"[3]

3 Mieke Mosmuller, Lotus und Lilie, S. 166ff.

Gautama Buddha, 450 vor Chr. bis ungefähr 370 vor Chr.

Man muss wissen, dass das, woran man so sehr hängt – nämlich all die Meinungen, die man hat – in Wirklichkeit nicht zu seiner unabhängigen Meinungsbildungsfähigkeit gehört. Sie wurden durch Herkunft, Bildung, Weltereignisse usw. geprägt; durch eine Neigung, die man hat, die man im Unterbewußtsein entwickelt hat. Das, diese Menge an Meinungen, hindert einen daran, die Wahrheit zu denken. Natürlich sind nicht alle Meinungen, die man hat, unwahr, aber alle Menschen sind ein Kompott aus verschiedenen Früchten – gute und nicht so gute. Und man muss lernen, zwischen dem einen und dem anderen zu unterscheiden.

Ich werde nun beschreiben, wie man in Form einer Übung seine Meinungslast reinigen und mit einem frischen Willensimpuls versehen kann.

BETRACHTUNG DER MEINUNG

Wir hoffen nun, eine solide Grundlage in der Sinneswahrnehmung geschaffen zu haben, so dass wir auf dieser Grundlage anfangen können, ein Denken zu entwickeln, das wahrhaftig ist. Wir haben gelernt, nur wahrzunehmen, was ist. Und wir haben gelernt, dass es in dieser reinen Wahrnehmung auch ein reines Denken gibt, so dass wir wissen, was wir wahrnehmen. Wir sind nicht weiter gegangen.

Jetzt werden wir unser Gedankenleben untersuchen. Und dieses Gedankenleben geht über die Grenzen der reinen Sinneswahrnehmung hinaus.

Das erste, worauf das Denken aufbaut, ist in einem subjektiven Sinn die Meinungsbildung. Wir haben gelernt, wie ein buddhistischer Meister in ein Bild fasst, was Meinung ist. Aber natürlich weiß jeder Mensch, was eine Meinung ist. Eine Meinung ist keine objektive Wahrheit. Es ist eine Neigung zu bestimmten Gedanken. Stellen Sie sich vor, Sie sind jemand, der sich politisch von der sozialistischen Sichtweise angezogen fühlt. Sie kann so stark sein, dass Sie sie nicht als eine Meinung, sondern als absolute Wahrheit betrachten. Aber wenn man das loslässt und bedenkt, dass es auch Menschen gibt, die mit ihrer politischen Einstellung ganz auf der anderen Seite stehen und auch glauben, in der Wahrheit zu sein, dann können wir einigermaßen frei auf die Tatsache schauen, dass politisches Interesse auf einem System von Meinungen beruht. Sie können sich fragen, worauf diese Neigung, diese Vorliebe, beruht.

Sie können zum Beispiel auch denken, dass Sie jemand sind, der nicht an ein geistiges Dasein, hinter oder vor oder in der materiellen Existenz glaubt. Es ist nicht leicht, dies zu beweisen, es ist nicht leicht zu sagen, dass diese Gedanken wahr sind, aber Sie können überzeugt sein, dass Sie recht haben. Andererseits gibt es aber auch viele Menschen mit religiösen Überzeugungen. Warum haben sie dieses Gefühl für einen spirituellen Hintergrund der Schöpfung und Sie nicht? Sie sind vielleicht sogar noch fanatischer von der Wahrheit ihrer Überzeugungen überzeugt als Sie selbst. Worauf stützt sich die Meinung? Man kann natürlich entgegnen: 'Menschen, die religiös erzogen wurden, haben dies so stark gelernt, dass es ihnen für den Rest ihres Lebens dient'. Aber man weiß natürlich sehr wohl, dass es auch religiös erzogene Menschen gibt, die sich später davon lossagen und zu den überzeugtesten Materialisten werden. Dies sind Beispiele für das Meinungssystem, mit dem Sie in der Welt stehen. Und wenn Sie diesen Balken an der Decke sehen, macht es einen Unterschied, ob Sie nur physikalisch-mechanische Gesetze darin erkennen, oder ob Sie eine ganze Legion von geistigen Wesen sehen, die diesen Balken sozusagen tragen. Das sind natürlich zwei Extreme. Aber was ist wahr?

DIE SECHSTE ÜBUNG

Um überhaupt zu einer richtigen Meinung zu kommen, ist es wichtig, dass man sich einerseits traut, Meinungen zu denken, andererseits aber auch die Ruhe hat, die gegenteilige Meinung zu denken, bzw. eine ganze Reihe von Meinungen, wenn man eine bestimmte Wahrnehmung hat. Das ist schon bei dem Balken an der Decke so, aber wenn man einen Zeitungsartikel betrachtet, wird es ein sehr komplizierter Prozess, zu beobachten, welche Meinungen einem in den Sinn kommen, was einen schließlich zu einem bestimmten Urteil über den Artikel führt, und dann den Mut zu haben, auch eine ganz andere Seite der möglichen Meinungen zu beleuchten. Man entfernt sich also von der rein gedanklichen Sinneswahrnehmung und bildet sich eine Meinung. Im normalen Leben ist dies eine Selbstverständlichkeit; oft weiß man nicht einmal, dass es sie gibt. Aber sie sind die ganze Zeit da, bei allem. Man kann sich zum Beispiel sehr gut als Übung, als sechste Übung, als erste Denkübung, an eine Begegnung des Tages erinnern. Man macht seine Beobachtungsübungen, so wie man es gewohnt ist, aber dann fügt man noch die Prüfung der Meinungen hinzu, die man hatte, und versucht zu untersuchen, inwieweit man dort eine Gewissheit der Wahrheit hat. In der Regel wird man feststellen, dass die Gewissheit kaum vorhanden ist, und dass es sich wirklich um Meinungen handelt, die man hat. Man darf sie haben, die Meinungen. Daran ist nichts auszusetzen. Aber um das Denken zu entwickeln, muss man sich dessen bewusst sein und die Freiheit haben, auch das Gegenteil von seiner Meinung zu denken. Sie werden sagen: 'Ja, aber das ist doch nicht meine Meinung'. Das mag sein, aber es kann auch sein, dass Sie durch das Nachdenken über eine gegenteilige Meinung die Relativität Ihrer ursprünglichen Meinung erkennen, oder dass Sie sie differenzieren können, ihr mehr Farbe verleihen. Und auf jeden Fall mehr Bewusstsein. Da die gesamte menschliche Welt von dem Phänomen der Meinung durchdrungen ist, gibt es so viele Meinungsverschiedenheiten. Dies müsste nicht zu Konflikten führen, wenn man sich in die andere Meinung einfühlen und ihren Wert erfahren könnte. Aber so weit kommt es im normalen Leben nicht; man ist voller Meinungen, aber man kennt sie kaum und es ist sicher nicht so, dass man den Wert anderer Meinungen erkennen könnte. In einer Diskussion mag dies der Fall sein, und natürlich gibt es Menschen, die toleranter sind als andere, aber im menschlichen Denken ist die Meinung das erste Problem.

Die richtige Meinung geht genauso weit über die Sinneswahrnehmung hinaus, wie sie noch wahr sein kann. In dem Moment, in dem man sich in den Bereich der Spekulation begibt, kann die Meinung nicht mehr die richtige sein. Mit anderen Worten: Man geht vielleicht einen Schritt über die reine Sinneswahrnehmung hinaus, um sich eine Meinung zu bilden, aber man hält diese Meinung rein, indem man nicht zu weit geht.

Wir als moderne Menschen werden in unserer Meinung sehr stark von den Medien geprägt, und es gibt weltweite Organisationen, die sozusagen bestimmen, was die richtige Meinung ist, und die dann durch Propaganda, durch Artikel, durch Sendungen, indem sie ständig bestimmte Meinungen durchsickern lassen, dafür sorgen, dass die Mehrheit der Menschheit diese Meinungen übernimmt. Als selbstbewusste Person sollten Sie damit einige Schwierigkeiten haben.

Einerseits ist die subjektive Meinung ein Hindernis, andererseits ist die aufgezwungene Meinung unerträglich. Und so müssen wir als Menschen einen Weg über die Tatsächlichkeit der Sinneswahrnehmung hinaus zu einem Denken finden, das auf rechter Meinung beruht, damit das Denken die Möglichkeiten, die im Denken liegen, nutzen kann, um mehr und mehr Übereinstimmung mit dem zu finden, was Wahrheit ist.

Wenn wir nun genau sagen wollen, wie man diese Übung durchführt, dann ist das wie folgt: Sie gehen genauso vor wie bei der ersten Wahrnehmungsübung, d.h. Sie wählen einen Zeitpunkt am Ende des Tages, um über eine Szene des Tages nachzudenken, wobei Sie diesmal Ihre Aufmerksamkeit weniger auf die Wahrnehmung, sondern hauptsächlich auf die Meinungsbildung richten, die mehr oder weniger automatisch um die Wahrnehmung herum geschieht. Sie versuchen, sich so genau wie möglich daran zu erinnern, und was dabei helfen kann, ist, ein Notizbuch zu nehmen und aufzuschreiben, was Sie in Bezug auf Ihre spontan entstehende Meinungsbildung an dieser bestimmten Szene im Leben dieses besonderen Tages entdecken.

Das war die erste Gedankenübung, es war die sechste Übung.

DIE SIEBTE ÜBUNG

Die nächste Aufgabe besteht dann darin, wie bei der Sinneswahrnehmung, im Voraus zu beschließen, in einer bestimmten Situation, die man für diesen Tag erwarten kann, seine Meinung selbst in die Hand zu nehmen. Diese nicht mehr spontan entstehen zu lassen, sondern zu versuchen, die Meinungsbildung einzudämmen und diese so nah wie möglich an der Beobachtung zu halten. Am Ende des Tages kann man dann zurückblicken und sich fragen, ob man in der Lage ist, andere Meinungen als die eigene zuzulassen, ja sie sogar selbst zu denken.

Man wird feststellen, dass man – wenn man dies mit einer gewissen Ernsthaftigkeit tut – eine viel größere Beweglichkeit der Wahrnehmung und des Denkens entwickelt. Man gewinnt auch ein Selbstbewusstsein, das vorher nicht vorhanden war. Natürlich gab es ein Bewusstsein für Wahrnehmung und Denken, aber man hatte keine Kontrolle über diese Ereignisse. Jetzt beginnt man, die Zügel der Wahrnehmungsqualität und ihrer Reinheit in die Hand zu nehmen und die ersten Schritte zu einem mehr wahrhaftigen Denken zu tun.

Da sind wir bei der zweiten Denkübung. Und wir nehmen uns für jede Übung eine Woche Zeit. Im achtfachen Pfad wird diese Übung 'das richtige Urteil' genannt. Mit dem Urteilen sind Sie davon überzeugt, dass das, was Sie denken, wirklich wahr ist. Wenn Sie 'Baum' sagen, dann ist das eine eigenständige Sache. Aber wenn Sie sagen: 'Der Baum ist da', haben Sie ein Urteil gefällt. Und Sie werden dieses Urteil nicht fällen, wenn Sie nicht sicher sind, dass der Baum wirklich da ist.

Wenn man sich eine Meinung bildet, ist man sich immer ihrer Beweglichkeit und der Tatsache bewusst, dass der eine diese Meinung hat und der andere eine andere. Aber das ist bei einem Urteil nicht wirklich möglich. Dieser Baum steht da, und er steht nicht nur für mich da, sondern für alle, die ihn sehen können. Es handelt sich nicht um eine Meinung, dass der Baum da ist, sondern um ein Urteil. Und man spürt schon, dass man, wenn man ein Urteil fällt, viel mehr Gewissheit haben sollte, bevor man es fällt, als wenn man eine Meinung hat. Aber auch Urteile werden sehr leicht gefällt. Als ob es eine Meinung wäre. Aber bei einem Urteil ist Zurückhaltung von viel größerer Bedeutung, damit man nicht über Dinge urteilt, die man gar nicht wissen kann. Dass der Baum genau dort steht, ist ein einfaches Urteil. Aber wenn man einen Zeitungsartikel liest, ist es sehr kompliziert, ein richtiges Urteil zu fällen. Deshalb ist es zu Beginn dieser Übung, d.h. in der ersten Woche, besser, sich auf einfache Beurteilungen zu beschränken, um den Prozess und die Gründlichkeit, mit der man arbeiten muss, kennenzulernen.

Der buddhistische Meister hielt auch einen kleinen Vortrag über richtiges Urteilen. Ich zitiere ihn jetzt hier:

„Vielleicht haben Sie in den zurückliegenden Wochen versucht, das schönste und beste Material zu sammeln, um Ihre Wohnung zu bauen... Das Schönste ist nicht schön genug... das Beste ist nicht gut genug. Ein langes Leben reicht nicht aus, um das Baumaterial zu verschönern. Dennoch dürfen Sie nicht warten mit dem Bauen... Sie selbst sind der Baumeister, aber suchen nach dem wahrhaftigsten Bauplan, damit Ihre Wohnung ein Tempel wird, Ihres Geistes würdig. Die Formen und Konstruktionen sollen ein Abbild Ihres Geistes sein, ohne Verfinsterung, ohne Unwahrhaftigkeit, ohne Instabilität... Sie machen eine Wohnung für den himmlischen Menschen!

Lassen Sie die Form und den Zusammenhang Ihrer Meinungen eine getreue Abspiegelung dessen sein, der Sie eigentlich sind, und lassen Sie diese nicht durch was auch immer verzerren! Nicht durch Ihre Sympathien, Ihre Vorliebe. Nicht durch Ihre Antipathie oder Ihre Angst. Nicht durch das, was Sie gelernt haben und ungeprüft angenommen haben. Nicht durch Gewohnheitsgedanken oder Lieblingsideen. Lassen Sie jedes Zusammengehen von Meinungen in Ihnen sein wie eine in Liebe geschlossene Hochzeit zwischen zwei Wesen, die wirklich zu einander gehören. Lassen Sie dieses Zusammengehen in aller Frühlingsfrische jedes Mal aufs Neue voller Erstaunen zustande kommen. Ein wahrhaftiges Urteil ist ein Wunder, das sich einfach so in jeder Sekunde vollziehen kann. Staunen Sie! Ihre Vorstellungen, Ihre Meinungen stehen auf sich selbst. Sie werden im Urteil zu einer Verbindung mit der wahren Wirklichkeit – und zu einer gegenseitigen Verbindung – kommen. Wenn Sie vor einem in Blüte stehenden Kastanienbaum stehen, dann ist das Gewahrwerden dieses Baumes, so intensiv und vollkommen wie möglich, ohne dem einen Namen zu geben, die richtige Meinung. Wenn Sie denken: Dies, vor dem ich hier stehe, *ist* – dann formen Sie ein Urteil, wodurch Ihr Gewahrwerden in das Sein aufgenommen wird. Wenn Sie denken: Dieser Kastanienbaum steht schon in Blüte, obwohl es noch so früh im Jahr ist – dann formen Sie ein sehr kompliziertes Urteil, das eine vollkommene Abspiegelung der Wirklichkeit sein kann. Wenn es Ihnen dann gelingt, diese Abspiegelung nicht nur Abspiegelung von etwas außerhalb von Ihnen sein zu lassen, sondern zugleich ein wahrhaftiges Abbild Ihrer selbst – dann haben Sie Hand an den Eckstein Ihres Tempels gelegt. Aber zugleich haben Sie Kräfte entfaltet, die Ihrem Tempel das Vermögen schenken, in sich selbst, aus sich selbst, zu wachsen. Wie der tote Boden lebende Pflanzen aus sich hervorbringt, in dem Keimling durch das warme Sonnenlicht dazu aufgeweckt – so kommt Ihr Bauwerk von Meinungen, die zu Urteilen geformt wurden, unter dem Einfluss des Lichtes Ihres Geistes zu beweglichem Leben. Ihre Wohnung wird eine lebendige, wachsende, aufblühende Wirklichkeit, worin Ihr Geist sich metamorphosiert. Das, meine lieben Zuhörer, ist '*das richtige Urteil*'."

Das Denken wird hier viel mehr zu einem Akt. Sie stellen etwas fest, das so ist. Dazu wählt man am besten eine bestimmte Lebensszene des Tages und prüft anschließend, inwieweit die Urteile, die man sich gebildet hat, wirklich hätten gebildet werden müssen. Dafür braucht man natürlich ein gutes Gedächtnis. Es muss so sein, dass Sie sich im Nachhinein noch daran erinnern können, was Sie gedacht haben. Deshalb kann man nicht mit einer solchen Übung beginnen, sondern man braucht die Vorübung, die wir in all den Wochen hatten, um das Bewusstsein und die Selbstwahrnehmung so zu stärken, dass man mehr und mehr wach wird für das, was in einem vorgeht. Und wenn man denken lernen will, dann muss man aufwachen und erkennen, was in einem vorgeht. Man muss die Ungereimtheiten, die Irrtümer, die falschen Schlussfolgerungen in sich selbst kennenlernen, damit man endlich anfangen kann, richtig zu denken, in Übereinstimmung mit der Wahrheit.

PLATON

Wir verlassen jetzt den achtfachen Pfad, denn die nächsten Übungen dieses Pfades gehen über die Gedankenprozesse hinaus, und das ist nicht das, wonach wir im Moment suchen. Jeder, der will, kann den achtfachen Pfad finden und diesen acht Schritten systematisch folgen. Wir hier, die wir das Denken lernen wollen, wenden uns an den nächsten Meister des Denkens in der Menschheitsgeschichte, und das ist Platon.

Während wir im indischen Entwicklungsweg einen Hinweis auf das Denken finden, aber nicht das Denken als die wichtigste zu entwickelnde Eigenschaft, finden wir in der griechischen Philosophie den Anfang der Frage des Denkens. Und gleichzeitig mit dieser Frage wird auch deutlich, dass es hier einen Beginn eines eigenständigen Denkens des Menschen gibt. Der griechische Denker beginnt Fragen zu stellen, die er mit Denken beantworten möchte. Fragen zu den obersten Prinzipien der Existenz, Fragen zu den weltlicheren Phänomenen und schließlich Fragen zum Denken selbst. Die griechische Philosophie ist eine Quelle der Weisheit über den Menschen und sein Denken. Es ist, als ob eine ganz neue Periode in der Entwicklung der Menschheit eingeleitet wird, eine Periode, die sozusagen den Grundstein für die Wissenschaft in unserer modernen Zeit legt.

Platon ist ein Denker, der einerseits noch aus der Quelle der selbstverständlichen Weisheit schöpft, die durch Inspiration im Menschen lebt, und der andererseits durch die Figur des Sokrates beginnt, selbständig zu denken. Sokrates regt die Athener dazu an, selbst zu denken. In der Tat ist es das, was wir mit diesem Büchlein in einem modernen Sinne zu erreichen versuchen, nämlich dass der Mensch lernt, selbständig über die Wahrheit nachzudenken, was Sokrates auf eine sehr interessante und elementare Weise vor allem bei den jungen Leuten in Athen angeregt hat. Am Ende wurde er dafür zum Tode verurteilt, als Verderber der Jugend. Platon, der ein Schüler von Sokrates war, beschrieb Sokrates in seinen Dialogen immer als den Mittelpunkt der Gespräche, und wir kennen Sokrates hauptsächlich durch die Dialoge von Platon. Platon sah im Denken des Menschen eine ganze Welt der Weisheit erscheinen, die er nicht wie die moderne Psychologie als einen in der Gegenwart erworbenen Wissensschatz bewertete, sondern er sah Lernen als Erinnern, als ein Erwachen zu vergessener Weisheit. Und woher glaubte er, dass der Mensch diese Weisheit besaß? Im Leben vor der Geburt. Er ging davon aus, dass jeder Mensch, der geboren wird, bereits in die Welt der Ideen eingetaucht gewesen war. Und der Prozess des Lernens besteht darin, sich der Ideen bewusst zu werden. Es geht nicht darum, sie zu erwerben, sondern darum, etwas zu erkennen, das bereits vorhanden ist. Und er hat auch versucht, diesen Standpunkt zu beweisen.

Plato, 427 bis 347 vor Chr.

Er tut dies meiner Meinung nach sehr überzeugend in seinem Dialog Menon. Darin spricht Sokrates mit einem Athener, der sich kritisch über seinen Standpunkt äußert. Und Sokrates gibt sich Mühe zu zeigen, dass ein Junge, der keine Erziehung genossen hat, der also kein Wissen hat, dennoch in der Lage ist, zu erkennen, was wahr und was falsch ist. Wenn die Fähigkeit zu denken, um zwischen Wahrheit und Irrtum zu unterscheiden, allein vom Wissen abhinge, wäre ein solcher Junge nicht dazu in der Lage gewesen. Aber Sokrates zeigt Schritt für Schritt, wie es bei diesem Jungen wirkt.

Ich habe bereits in meinem Buch *Ich mache, was ich will! – Freiheitsphilosophie für junge Menschen* darauf hingewiesen. In diesem Buch habe ich einen Teil des Dialogs zitiert. Ich werde das jetzt nicht wiederholen, aber ich werde zusammenfassen, worum es in diesem Dialog geht und was die Schlussfolgerungen sind.

Menons Hausjunge wird gefragt, wie er ein Quadrat mit der doppelten Fläche eines vorgegebenen Quadrats konstruieren kann. Er sagt, dass die Seiten doppelt so lang sein müssen. Sokrates weist darauf hin, dass man dann ein viermal so großes Quadrat findet. Es dauert eine Weile, bis der Junge dies erkennt, aber schließlich gibt er es zu.

Dieser anfängliche Irrtum macht ihn laut Sokrates empfänglich für die richtige Lösung. Die Verwirrung ist notwendig, um die Wahrheit zu finden.

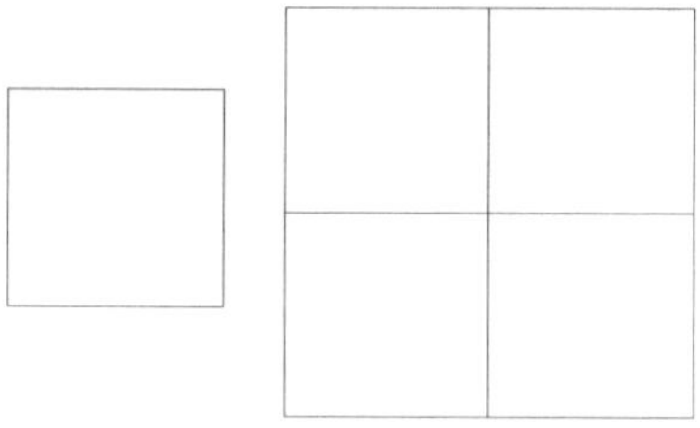

Wir haben jetzt also vier gleiche Quadrate. Wenn wir sie alle jeweils zur Hälfte teilen, haben wir die Hälfte von vier gleichen ursprünglichen Quadraten: zwei gleiche ursprüngliche Quadrate, also die doppelte Fläche des ursprünglichen Quadrats.

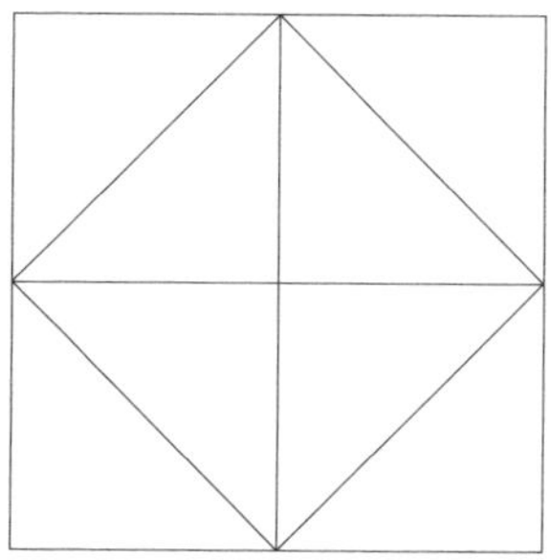

Jeder denkende Mensch kann das erkennen.

Wenn man dieses Gespräch auf sich wirken lässt, wird man mehrere Dinge entdecken. Sokrates lehrt nicht, er stellt nur Fragen. Wenn die Antworten falsch sind, stellt er sie so, dass der Junge seine eigenen Fehler entdeckt. Sokrates schlägt jedoch Dinge vor, an die der Junge vielleicht selbst nicht gedacht hätte. Er hätte seinen eigenen Fehler nicht gefunden, so sicher wie er war, dass die Antwort richtig war. Sokrates muss den richtigen Weg zeigen, aber der Junge geht diesen Weg selbst. Außerdem ist es klar, dass der Junge seinen Weg auf seinem eigenen Verständnis aufbaut. Man merkt sehr deutlich, dass Sokrates nichts erklärt, sondern nur anbietet. Der Junge muss immer selbst entscheiden, ob er 'Ja' sagen kann. Er muss nichts 'glauben', er sieht alles selbst ein, auch seine Fehler.

Sokrates zeigt hier also, dass der ungebildete Junge eine vollkommene Einsicht hat, rein, direkt in der Gegenwart zu erlangen; dass in diesen wenigen Frage- und Antwortschritten eine Entwicklung vor sich geht. Der Inhalt der Erkenntnis des Jungen zeigt auch, dass sie hätte unterbleiben können, dann hätte der Junge nicht gewusst, wie man ein Quadrat mit der doppelten Fläche eines gegebenen Quadrats bildet. Aber jetzt weiß er es für den Rest seines Lebens und kann es sogar anderen beibringen. Man sieht auch, dass Sokrates und der Junge keine Meinungsverschiedenheiten haben, sie schöpfen aus der gleichen Quelle der Erkenntnis.[4]

Es ist schade, dass der moderne Mensch nicht mehr das Gemüt hat, sich für so etwas wie diesen Dialog zu begeistern. Denn es ist wahrlich ein Beweis dafür, dass jemand, der kein Wissen hat, dennoch das Unterscheidungsvermögen für Wahrheit und Irrtum besitzt; dass jemand, der kein Wissen hat, zu einem unabhängigen Verständnis kommen kann. Nicht weil es ihm jemand vorschreibt, sondern weil er die verschiedenen Schritte des eigenen Denkens tatsächlich selbst tun kann. Mit einem tiefgründigen Gemüt würde man darüber sehr enthusiastisch werden und ein anderer Mensch sein, nachdem man davon erfahren hat. Man würde sich für immer von der Ansicht befreien, dass der Mensch als unbeschriebenes Blatt mit einer genetischen Veranlagung zu einer gewissen Intelligenz geboren wird, und man wäre davon überzeugt, dass im Menschen eine Verstehensfähigkeit lebt, mit der man geboren wird, die unabhängig von der Erziehung und Bildung ist, die man dann erhält. Mit dem abstrakten Verstand kann man immer noch einwenden: 'Auch das kann eine genetische Disposition sein'. Wenn man diesen Verlauf des Gesprächs zwischen Sokrates und dem Jungen verfolgt, wird sofort klar, dass es nichts mit Genetik zu tun hat, sondern dass es

4 Siehe: Mieke Mosmuller, *Ich mache, was ich will!*

etwas rein Menschliches offenbart, das in allen Menschen lebt und wirkt und an das man sich immer wenden kann. Natürlich muss ein Mensch dafür einen gesunden Körper haben, aber das ist etwas anderes. Und dass es etwas anderes ist, das sollte man erleben können. Dann würde man ein jubelndes Lied über die wunderbare Gabe des Menschen singen, in der Wahrheit zu sein und diese Wahrheit vom Irrtum zu unterscheiden. Wir lernen also von Platon, und unsere nächste Gedankenübung, die achte Übung, die dritte Gedankenübung, ist eine Bewusstwerdung für den Ursprung des Denkens.

Platon ist der Philosoph, der dem Denken den höchsten Stellenwert einräumt, und der in der Tradition der altindischen Philosophie – auch wenn er nicht darüber spricht – die Welt der Sinneswahrnehmung als bloßen Schein, als Illusion, als Maja beurteilt. Die wahre Realität ist die Welt der Idee. Deshalb ist Platon ein großartiger Lehrer für das Erlernen des unabhängigen Denkens, unabhängig von der Wahrnehmung. Er verwendet hier ein Beispiel aus der Mathematik, um zu zeigen, dass auch der ungelehrte Mensch in der Lage ist, Wahrheit von Irrtum zu unterscheiden. Und wenn man sich nicht in allzu komplizierte philosophische Überlegungen stürzt, kann man in der Tat zugeben, dass die Wahrheit in der Mathematik leicht zu erfassen ist. Nicht, dass Mathematik einfach ist, sondern dass man, wenn man eine Einsicht gewonnen und ihre Wahrheit erkannt hat, nie wieder daran zweifeln muss. Dieses Beispiel für die Forderung nach einem Quadrat, das doppelt so groß ist wie das Original, ist ein gutes Beispiel dafür. Wenn man es einmal gesehen hat, wird man nie wieder daran zweifeln. Man vergisst vielleicht, wie der Weg genau war, aber wenn man ihn sieht, ist es klar, dass der Gedankengang wahr ist. Und man könnte sich vorstellen, dass die

Entwicklung des Denkens so weit gehen könnte, dass diese Gewissheit über die Wahrheit auch für andere Bereiche als Zahl, Arithmetik und Mathematik gelten würde. Nicht, dass es dann eine einheitliche, weltweit gültige Wahrheit gäbe, die für alle Menschen gleich ist, nein, die Wahrheit ist groß genug, um einen individuellen Teil davon für alle Menschen erreichbar zu machen.

Aber die Gewissheit eines wahren Verständnisses könnte sich von der Mathematik und den Zahlen auf den gesamten Bereich des menschlichen Wissens erstrecken. Dabei geht es nicht nur um den Bereich der materiellen Weltanschauung, sondern auch um religiöse, moralische und spirituelle Begriffe.

Davon sind wir bei dieser kleinen platonischen Übung natürlich weit entfernt. Aber wir legen einen Grundstein dafür. In einem Denken, das sich nun von der direkten Beobachtung löst und in sich eine gewisse Gewissheit findet, kann man hinter dieser Gewissheit der Wahrheit die Erfahrung machen, dass dies die menschliche Anlage zum Denken ist. Man kann lernen, sich durch eigene Erfahrung zu vergewissern, dass die Wahrheit wirklich im Menschen vorhanden ist, und dass man darauf vertrauen kann; dass man von dort, aus weitergehen kann, um seine Denkfähigkeit zu entwickeln.

DIE ACHTE ÜBUNG

Wie könnten Sie eine Übung entwerfen, die Sie mit Platon als Lehrer einen Schritt weiter auf dem Weg zur reinen Wahrheit bringt? Eine solche Übung fordert viel von uns, und es ist zu hoffen, dass wir inzwischen viel innere Trägheit abgelegt haben, weil wir gemerkt haben, dass es nicht nur angenehm ist, innerlich aktiv zu werden, sondern dass es auch glücklicher macht, dass es uns sicherer macht, dass es uns ein Erleben gibt, dass wir uns als Mensch entwickeln können.

Diese Übung, die wir jetzt machen werden, ist sozusagen der Höhepunkt des Denkens an sich. Es ist ein Denken jenseits der Sinne, und wir können die Übung des Quadrats und der Verdoppelung der Fläche verwenden; wir können auch eine andere mathematische Übung verwenden, zum Beispiel den Beweis des Satzes von Pythagoras, ein Beispiel, das ich auch in mehreren Büchern gegeben habe. Es gibt unzählige Beispiele, aber nehmen wir das Beispiel des Quadrats und der Verdoppelung der Fläche als Übung.

Dann denken wir Schritt für Schritt vom ursprünglichen Quadrat zum doppelt so großen Quadrat, aber die Schwierigkeit, die wir uns jetzt auferlegen, besteht darin, dass wir Schritt für Schritt auch versuchen zu erfahren, dass man als denkender Mensch diese Schritte mit Gewissheit in Bezug auf die Wahrheit macht; dass man wirklich weiß, dass das, was man tut, wahr ist; dass es kein anderes Ergebnis als dieses gibt. Man kann die Verdoppelung eines Quadrats vielleicht auch auf eine andere Weise erreichen. Aber wenn man sich für diese Lösung entschieden hat, kann man sagen: Jeder Denkschritt, den ich auf dem Weg zum Ziel mache, führt mich zur wahren Erkenntnis, und ich weiß, dass das, was ich tue, richtig ist.

Und dann kann man noch einen Schritt weiter gehen und sagen: Ich weiß nicht nur, dass das, was ich tue, richtig ist, sondern mit Platon als meinem Lehrer sollte ich erfahren können, dass ich mit dieser Fähigkeit geboren wurde; zu sehen, dass die Schritte, die ich mache, richtig sind und zur Wahrheit führen. Überzeugen Sie sich selbst davon, dass es die Möglichkeit gibt, mit Verständnis zu lernen. Das ist etwas ganz anderes als auswendig lernen. Dann brauchen Sie nicht zu verstehen, sondern Sie sagen einfach, was da steht. Das Gleiche können Sie mit dieser Übung machen. Lernen Sie das Geschriebene auswendig und wiederholen Sie es dann. Aber das ist nicht die Übung, die wir jetzt machen. Die Übung besteht darin, dass wir begreifen, was wir da tun. Und diese Fähigkeit des Verstehens könnte man mit Platon als Lehrer als eine rein geistige Gabe erleben, die jeder Mensch bei seiner Geburt erhält. Das ist die wunderbare platonische Ideenlehre: Dass es eine geistige Welt gibt, in der die Begriffe, die Ideen, ewig und unveränderlich sind; in der man als menschliche und geistige Seele schon war, bevor man geboren wurde, und aus der man sein Denkvermögen mitnimmt. Später, wenn man zur Schule geht, wird man sich Wissen aneignen können.

Der gesamte Prozess des Lernens vor der Schule ist ebenfalls nur auf der Grundlage dieser Lernfähigkeit möglich.

Damit werden wir uns eine Woche lang beschäftigen. Und das wird schwierig sein. Denn der moderne Mensch ist nicht nur faul, sondern hat auch eine Abneigung, sich ganz von der Welt der Wahrnehmung zu lösen und nur in der Welt der Gedanken zu leben. Und diese Abneigung ist auch mit einer Unfähigkeit verbunden. Denn wir sind gleichsam mit unseren Sinnen verwachsen, und unser Denken läuft entsprechend ab. Jetzt sind wir aufgefordert, diese Sinneswahrnehmung auszuschließen, sie zu vergessen und ganz allein in der Wahrnehmung und dem Bewusstsein des Denkprozesses selbst zu verweilen. Man stellt dann auch fest, dass man ein für die Sinneswahrnehmung fertiges Wissen hat, dass man es auch hier hat, aber man hat keine Worte und keine gewöhnlichen Begriffe dafür. Man übt sich also im Begreifen, aber wenn man dann aufgefordert wird, 'zu versuchen zu erleben, dass man begreift', vergeht es so schnell wie ein Atemzug, wie ein Windstoß. Man kann es kaum halten, geschweige denn benennen. Doch genau das wollen wir diese Woche versuchen.

DIE NEUNTE ÜBUNG

Der nächste Lehrer, von dem wir Unterricht nehmen werden, ist Aristoteles. Er war ein Schüler Platons, er hat Platons Ideenlehre kennengelernt und in sich aufgenommen, aber er fand diese Lehre einseitig. Er war der Auffassung, dass man als Mensch von der Wahrnehmung mit den Sinnen ausgeht, dass die Idee dort lebt und zu finden ist, dass aber die Wahrnehmung die Quelle für die Entwicklung des Denkvermögens ist.

Andererseits war es gerade Aristoteles, der als Erster und vielleicht letztlich als Einziger das Denken selbst als ein zu beobachtendes Phänomen, als einen Gegenstand, auffasste und dann sehr detailliert beschrieb, was das menschliche Denken ist und kann. Er löst sich dann von der physischen Sinneswahrnehmung, aber nicht von der Wahrnehmung selbst, denn er betrachtet das Denken als ein zu beobachtendes Objekt, untersucht es und beschreibt es. Wir finden dies zwar in der moderneren Philosophie wieder, aber die elementare Erkenntnis des Denkens findet sich bei Aristoteles.

In diesem Sinne kann er als Lehrer des Denkens angesehen werden, und es sollte uns nicht überraschen, dass die Lektüre der Texte des Aristoteles ein Angriff auf unsere Faulheit ist.

Aber wir haben uns durch wochenlange innere Aktivität vorbereitet. Und während wir in der vorangegangenen Übung einen platonischen Ausflug ins Denken gemacht haben, werden wir dies nun mit Aristoteles tun. Es gibt einen Text, der klassischerweise als 'Über die Interpretation' bekannt ist. Es sollte eigentlich Pflichtlektüre für Leute wie uns sein, weil es sehr detailliert erklärt, wie man zu einer richtigen Interpretation von Fakten kommt. Es geht hauptsächlich um die Interpretation des gesprochenen und geschriebenen Wortes, aber auch um die Interpretation von Sinnesobjekten.

Der Text stammt aus mehreren Jahrhunderten vor Christus. Wir leben inzwischen im einundzwanzigsten Jahrhundert, und man könnte sagen: Müssen wir so weit zurückgehen, um das Denken zu lernen...?

Aristoteles, 384 bis 322 vor Chr.

Wenn Sie diesen Text von Aristoteles lesen, werden Sie oft denken, dass das, was er sagt, ziemlich logisch ist, so elementar ist es. Sie werden erleben, dass das dort beschriebene Denken für uns zu einer natürlichen Gewohnheit geworden ist. Aber gerade deshalb wird es mit der Wolke der Begierde vermischt. Und wenn man zurückgeht zu, sagen wir, dem Ursprung des Bewusstseins des menschlichen Denkens, zu Aristoteles, dann wird einem bewusst, was man eigentlich schon weiß, nämlich wie man richtig interpretiert.

Nochmals, wir können diese Schrift nicht in einer Woche ergründen. Genauso wenig wie wir den achtfachen Pfad in seiner Gesamtheit oder die vielen bedeutungsvollen Dialoge Platons ergründen können, so können wir auch dies nicht tun, aber wir können ein Beispiel daraus nehmen, um zu erfahren, was es ist, um uns bewusst zu werden, dass man durch Gedanken interpretiert.

Dann beginnt man sich danach zu sehnen, alles Überflüssige wegzulassen und nur das Wesentliche eines Textes, eines Gesprächs, einer Beobachtung zu behalten und so zu interpretieren, dass es dem entspricht, was gemeint war.

Angenommen, Sie besuchen einen Vortrag von jemandem, dessen Thema Sie sehr interessiert. Die Gefahr ist groß, dass Sie in dem, was der Redner sagt, das hören, was Sie selbst schon denken. Oder wenn Sie gerne kritisieren, hören Sie vielleicht, was Ihnen nicht passt. Für eine richtige Interpretation ist es unerheblich, ob das, was Sie hören, etwas ist, was Sie ohnehin gedacht haben, oder ob es etwas ist, was Sie ohnehin abgelehnt haben. Wichtig ist, dass Sie sich selbst aus der Sache heraushalten. Der Verzicht auf subjektive Kraft, um genau zu hören, was der Sprecher im gesprochenen Text meint, das ist es, worum es geht. Was man anschließend damit macht, ist eine andere Sache. Aber die Interpretation des Gehörten oder Gelesenen ist nur dann richtig, wenn man die Intention des Sprechers oder Schriftstellers tatsächlich erfasst. Das ist der Schwerpunkt dieser Woche. Und noch einmal: Man kann nicht erwarten, dass man in einer Woche die Fehlinterpretationen korrigiert, die man über viele Jahre hinweg angesammelt hat. Aber man kann erleben, wie es sein könnte. Und wenn wir das erreichen könnten, dann hätten wir etwas sehr Wichtiges erreicht.

Ich füge nun ein kleines Zitat aus den ersten Absätzen

von Aristoteles' Abhandlung über die Interpretation ein und fordere den Schüler des Denkens auf, es nicht nur zu durchdenken, sondern es auch in der Selbstprüfung zu finden!

Teil 1

„Zunächst müssen wir die Begriffe "Substantiv" und "Verb", dann "Negation" und "Affirmation", dann "Proposition" und "Satz" definieren.
Gesprochene Worte sind die Symbole der denkenden Erfahrung und geschriebene Worte sind die Symbole der gesprochenen Worte. So wie nicht alle Menschen gleich schreiben, so haben nicht alle Menschen die gleichen Sprachlaute, aber die denkenden Erfahrungen, die sie symbolisieren, sind für alle gleich, wie auch die Dinge, von denen unsere Erfahrungen die Bilder sind.
Diese Angelegenheit ist jedoch in meiner Abhandlung über die Seele behandelt worden, denn sie gehört zu einer anderen Studie als der hier vorliegenden.

So wie es in dem Denken Gedanken gibt, die keine Wahrheit oder Falschheit implizieren, und auch die wahr oder falsch sein müssen, so ist es auch in der Sprache.
Denn Wahrheit und Unwahrheit setzen Kombination und Analyse voraus. Substantive und Verben sind, sofern man ihnen nichts hinzufügt, wie Gedanken ohne Kombination oder Trennung; "Mann" und "weiß" sind als isolierte Begriffe noch nicht wahr oder falsch. Als Beweis dafür dient das Wort "Ziegenschwanz". Es hat eine Bedeutung, aber es gibt keine Wahrheit oder Unwahrheit, wenn nicht "ist" oder "ist nicht" hinzugefügt wird, entweder im Präsens oder in einer anderen Zeitform."

Teil 2

"Unter einem Substantiv verstehen wir einen Laut, der durch Konvention eine Bedeutung hat, der keine Beziehung zur Zeit hat und von dem kein Teil unabhängig vom Rest eine Bedeutung hat. (...)
Die Einschränkung "durch Konvention" wird eingeführt, weil nichts von Natur aus ein Substantiv oder ein Name ist – es ist es nur dann, wenn es zu einem Symbol wird; unartikulierte Laute, wie sie von Tieren erzeugt werden, sind bedeutungsvoll, aber keines von ihnen ist ein Substantiv.
(...)
Die Ausdrücke "von Philo", "zu Philo" usw. sind keine Substantive, sondern Fälle eines Substantivs. Die Definition dieser Substantive ist im Übrigen dieselbe wie die des Substantivs an sich, aber wenn sie mit "ist", "war" oder "wird sein" gekoppelt sind, bilden sie als solche keine Aussage, die wahr oder falsch ist, was das Substantiv an sich unter diesen Bedingungen immer ist. Nehmen wir die Worte "von Philo ist" oder "von Philo ist nicht"; diese Worte bilden, so wie sie stehen, weder eine wahre noch eine unwahre Behauptung."

Teil 3

"Ein Verb ist dasjenige, das neben seiner eigentlichen Bedeutung auch den Begriff der Zeit in sich trägt. Kein Teil davon hat eine eigenständige Bedeutung, und es ist ein Zeichen von etwas, das von etwas anderem gesagt wird.
Ich werde erklären, was ich meine, wenn ich sage, dass sie den Begriff der Zeit beinhalte. "Gesundheit" ist ein Substantiv, aber "ist gesund" ist ein Verb, da es neben seiner eigentlichen Bedeutung auch das gegenwärtige Vorhandensein des betreffenden Zustands angibt.
Darüber hinaus ist ein Verb immer ein Zeichen für etwas, das

über etwas anderes gesagt wird, d. h. für etwas, das entweder aus einer anderen Sache vorhersehbar oder in einer anderen Sache vorhanden ist.
Solche Ausdrücke wie "ist nicht gesund", "ist nicht krank", bezeichne ich nicht als Verben; denn obwohl sie den zusätzlichen Begriff der Zeit tragen und immer ein Prädikat bilden, gibt es keinen besonderen Namen für diese Variante; aber man möge sie unbestimmte Verben nennen, weil sie sich gleichermaßen auf das beziehen, was existiert, und auf das, was nicht existiert. Auch "er war gesund" und "er wird gesund sein" sind keine Verben, sondern Zeitformen eines Verbs; der Unterschied liegt darin, dass das Verb die Gegenwartsform angibt, während die Zeitformen des Verbs die Zeitformen außerhalb der Gegenwart angeben.
Verben an sich sind inhaltlich und haben eine Bedeutung, denn derjenige, der solche Ausdrücke verwendet, lenkt die Aufmerksamkeit des Hörers auf sich; aber sie drücken an sich kein Urteil aus, weder positiv noch negativ. Denn weder in "sein" noch in "nicht sein" ist das Partizip "sein" von Bedeutung, es sei denn, es wird etwas hinzugefügt. Denn sie zeigen selbst nichts an, sondern implizieren eine Zusammensetzung, von der wir uns unabhängig von den verbundenen Dingen kein Bild machen können."

Teil 4

"Ein Satz ist ein wichtiger Teil der Rede, von dem einige Teile eine eigenständige Bedeutung haben, d. h. als Äußerung, aber nicht als Ausdruck eines positiven Urteils. Lassen Sie mich das erklären. Das Wort "Mensch" hat eine Bedeutung, aber es stellt keine Aussage dar, weder eine positive noch eine negative. Erst wenn weitere Wörter hinzugefügt werden, wird das Ganze zu einer Bejahung oder Verneinung. Wenn man aber einen Buchstaben des Wortes "Mensch" von den anderen trennt, hat es

keine Bedeutung; ebenso hat in dem Wort "Maus" der Teil "aus" an sich keine Bedeutung, sondern ist nur ein Klang. In zusammengesetzten Wörtern tragen die Teile zur Bedeutung des Ganzen bei, haben aber, wie bereits erwähnt, keine eigenständige Bedeutung.
Jeder Satz hat eine Bedeutung, und zwar nicht als natürliches Mittel zur Verwirklichung einer physikalischen Eigenschaft, sondern, wie wir gesagt haben, durch Konvention. Aber nicht jeder Satz ist ein Satz; nur solche Sätze sind Sätze, die entweder wahr oder falsch sind. Ein Gebet ist also ein Satz, aber einer, der weder wahr noch falsch ist.
Verwerfen wir also alle anderen Arten von Sätzen mit Ausnahme der Proposition, denn Letztere ist Gegenstand unserer Untersuchung, während die Untersuchung der anderen Sätze eher zum Studium der Rhetorik oder Poesie gehört."

In dieser Woche wollen wir anhand eines Textes wie dem obigen etwas über die 'Verkörperung' der Vernunft im Denken lernen. Es ist eine Beschreibung dessen, was jeder weiß, aber nie denkt. Es einmal zu denken, heißt, sich der Verkörperung der Vernunft im Denken bewusst zu werden.

DIE ZEHNTE ÜBUNG: GLAUBE UND WISSEN

Es gibt noch viel mehr Lehrer in unserer Kultur, in unserer Menschheitsgeschichte, die wir zu Rate ziehen könnten, wenn wir denken lernen wollen.

Nach Christus wird das Denken sehr intensiv genutzt, um das Christusereignis zu verstehen und auch, um Grenzen zu ziehen zwischen dem, was im Denken Glauben ist, und dem, was Wissen ist. Das ist an sich schon ein wichtiger Punkt, um das zu lernen. Wir müssen es nicht auf das Christentum anwenden, aber es ist wichtig, das Phänomen des 'Glaubens' kennenzulernen. Und wenn man in der Lage ist, dies von einem sicheren Wissen durch Verstehen zu unterscheiden, dann hat man einen wichtigen Schritt auf dem Weg des Denkens getan.

Im Mittelalter gab es heftige Debatten darüber, was 'Glaube' eigentlich ist. Die Bedeutung des Glaubens wurde von bestimmten Denkern wirklich übertrieben. Es gibt zum Beispiel den Ausspruch, dass Glaube bedeutet, etwas für wahr zu halten, was für den Verstand unsinnig ist. Auf der anderen Seite gab es die Ansicht, dass auch der Glaube Themen hat, die man verstehen kann, und dass es die Schwäche des Verstandes ist, die einen glauben lässt, dass man etwas akzeptieren muss, das man nicht verstehen kann.

In der heutigen Zeit herrscht ein großes Vertrauen in die Wissenschaft. Wissenschaftler forschen, kommen zu bestimmten Erkenntnissen, und wenn der Slogan verwendet wird: 'Die Forschung hat gezeigt', werden viele Menschen sofort glauben, dass das, was da steht, wahr ist. Natürlich gibt es auch viele kritische Menschen, die Dinge hinterfragen, aber sie verlassen sich dann oft auf den Glauben an bestimmte andere Aussagen, die unhinterfragt akzeptiert werden.

In unserer Zeit ist der religiöse Glaube nicht gerade allgegenwärtig, aber der Glaube an die Wissenschaft und die Medien ist dagegen sehr stark. Deshalb ist es auf diesem Weg des Denkens sehr wichtig, dass man lernt, in sich selbst den Unterschied zwischen der Annahme ohne geprüfte Grundlage von etwas, und der Annahme von etwas, das auf Einsicht beruht zu unterscheiden.

Es gibt viele Möglichkeiten, dieses Denkfeld zu erkunden. Wenn Sie eine wissenschaftliche Ausbildung abgeschlossen haben oder noch dabei sind, können Sie sich verschiedene Studien ansehen. Sie könnten eine Literaturstudie durchführen, verschiedene Artikel zu demselben Thema lesen und die Relativität des Slogans 'die Forschung hat gezeigt' kennen lernen. Jeder Mensch, der eine wissenschaftliche Ausbildung genossen hat, weiß, dass die Ergebnisse einer bestimmten Forschung auf einem bestimmten Gebiet in der Literatur immer auch das Gegenteil ergeben. Man sollte in der Lage sein, das in sich selbst hervorzuholen, wenn man 'Die Forschung hat gezeigt' liest. Als ich ein junger Arzt war, ein Arzt für Allgemeinmedizin, galt als Maß für den gesunden Blutdruck ein Wert von 100 plus Alter und für den Unterdruck ein Wert zwischen 70 und 90. Untersuchungen hatten gezeigt, dass in Bevölkerungsgruppen, in denen dieser Blutdruck 'vorherrschte', das Risiko für Herz-Kreislauf-Erkrankungen geringer war.

Ich bin kein junger Arzt mehr, aber die nächste Generation schon. Sie sagen mir, was die Forschung zeigt. Und zwar, dass die Gesundheit am besten bei einem oberen Druck von 140 oder weniger gedeiht. Der Unterdruck ist viel weniger wichtig. Natürlich kann ich das akzeptieren, so wie ich auch die anderen Grenzen seinerzeit akzeptiert habe. Aber welche Forschung ist gültig?

Das Gleiche gilt für die Laborwerte für Cholesterin, die zu unserer Zeit viel höher sein durften als heute. Die Forschung zeigt... Die Forschung hat gezeigt... Was mich betrifft, so zeigt die Forschung eher, dass man keine starren Grenzen setzen kann, sondern dass es innerhalb äußerster Grenzen ein hohes Maß an Flexibilität gibt. Und ich habe eher den Eindruck, dass ich die Forschungen gegeneinander abwägen möchte, um einen Mittelweg zu finden, wo man bei den einen eher dies und bei den anderen eher jenes akzeptabel finden würde. Man schaut nicht nur auf die Werte, sondern auf den ganzen Menschen, der diese Werte verkörpert.

Als Medienkonsument hat man es auch nicht leicht. Heute hört man, dass es nie einen Impfzwang geben wird, morgen hört man, dass es einen gibt. Haben Sie geglaubt, was gestern gesagt wurde? Glauben Sie heute, was man Ihnen sagt? Wie kommt man von der unhinterfragten Annahme dessen, was einem angeboten wird, zu einer beweglichen, differenzierten Abwägung der Glaubwürdigkeit einer Sache? Nach unseren Wochen der Übung sollten Sie nun den Punkt erreicht haben, an dem Sie nicht mehr blindlings akzeptieren, aber auch nicht mehr blindlings ablehnen. Das heißt, dass Sie nicht in die eine oder andere Richtung glauben, sondern dass Sie die Sachinformationen so intensiv wie möglich aufnehmen und dann im Laufe der Zeit, indem Sie das weiter tun, zu einem ausgewogenen Urteil kommen, wobei Sie ertragen können müssen, dass dies nie ein abgeschlossenes Dossier sein wird. Denn morgen wird etwas Neues passieren, das eine Ergänzung der Akte erfordert. Und damit muss man als Student des Denkens wirklich umgehen können.

Die innere Sicherheit der Menschen beruht oft auf genau

dem Glauben, der nicht erprobt ist. Das vermittelt das Gefühl, dass man die Dinge im Griff hat, dass man den Überblick hat. Jetzt sind wir an einem Punkt angelangt, an dem wir das nicht mehr brauchen. Die Sicherheit liegt in der immer größer werdenden inneren Aktivität und der Überwindung der überall lauernden Faulheit. Das wird unsere neue Sicherheit sein. Der Glaube wird zu einem neuen Phänomen, nämlich der Gewissheit, die man gewinnt, dass etwas verständlicherweise wahr ist. Dann glaubt man es. Und zuvor ist man auf dem Weg zu diesem Punkt der Gewissheit, und dieses Unterwegssein gibt bereits Gewissheit durch innere Aktivität.

Nun wollen wir aus dieser Sichtweise eine Übung machen, und zwar so, dass wir ein bestimmtes aktuelles Thema nehmen und es eine Woche lang jeden Tag in den Medien verfolgen. Noch interessanter wird es natürlich, wenn man das in den traditionellen Medien und in den alternativen Medien macht. Aber es ist nicht beabsichtigt, dass Sie Stunden damit verbringen, denn das bedeutet in der Regel, dass Sie die ganze Initiative aufgeben. Nehmen Sie also ein aktuelles Thema und verfolgen Sie es täglich in den Medien. Machen Sie sich einige Notizen zu dem, was Sie gelesen haben, und zu den wichtigsten Erkenntnissen über die Situation und die damit verbundenen Maßnahmen. Betrachten Sie mit Ihrer geschärften Selbstwahrnehmung während des Lesens oder danach Ihre Glaubenskraft beim Lesen. Glauben Sie, was dort geschrieben steht, können Sie es einsehen, sind es nur Aussagen, warum sollten Sie sie glauben? Und wenn Sie das Thema morgen fortsetzen, lautet die wichtigste Frage: Ist das, was heute mitgeteilt wird, eine echte Fortsetzung dessen, was gestern da war? Können Sie das eine mit dem anderen in Einklang bringen, oder widerspricht das heute dem, was gestern gesagt wurde? Und was ist mit Ihrem Glauben an das, was heute mitgeteilt wurde? Wie funktioniert das für Sie? Spüren Sie auch, ob bestimmte Meinungen und Urteile, die für Sie charakteristisch sind, dazu beitragen, die dort mitgeteilten Fakten zu glauben oder nicht zu glauben?

Auf diese Weise lernen Sie eine andere Beziehung zur Wahrheit kennen. Wir haben wochenlang versucht, so genau zu beobachten, dass man die Wahrheit durch die Wahrnehmung erfährt. Das bedeutet, dass es eine Übereinstimmung zwischen dem, was Sie denken und daher wissen, und den beobachtbaren Fakten gibt. Das ist die gängigste und wahrscheinlich älteste Theorie der Wahrheit, nämlich dass das, was man als Interpretationen der Realität im Denken hat, den Tatsachen entspricht. Dann sind Sie in der Wahrheit.

Aber jetzt lernen wir eine andere Wahrheit kennen. Denn wenn wir Zeitungsartikel lesen, können wir oft nicht feststellen, ob das, was gesagt wird, wahr ist. Man muss sich auf die Wahrhaftigkeit des Reporters und sogar auf die Wahrhaftigkeit des Redakteurs verlassen, der so berichten und redigieren sollte, dass man als Leser wirklich die Fakten erfährt.

Wir wissen jedoch, dass dies nicht immer der Fall ist. Auch wenn man Bilder sieht, die zeigen, dass das, was berichtet wird, wahr ist, stellt sich die Frage, ob diese Bilder tatsächlich zu dem gehören, was berichtet wird. Es gibt viele Beispiele dafür, dass Fotos oder Filmausschnitte gezeigt werden, die überhaupt nichts mit den Fakten zu tun haben, über die gesprochen wird, die aber zu bestätigen scheinen, dass das, was gesagt wird, wahr ist.

In den modernen Medien begibt man sich also auf dünnes Eis oder in einen Sumpf, wenn man die dargestellten Fakten als gegeben hinnimmt. Aber wie soll man das gegebene Material richtig interpretieren, wenn man das nicht anhand des Textes und der Bilder tun kann?

Dann muss man sich eine zweite Erscheinungsform der Wahrheit zunutze machen, nämlich die, dass die verschiedenen Elemente des Verlaufs eines bestimmten Sachverhalts miteinander harmonieren. Sie müssen sich darüber im Klaren sein, dass das, was heute gesagt wird, morgen nicht mehr widerlegt werden kann. Denn der Durchschnittsleser hat es sofort vergessen und nimmt es gar nicht wahr. Wir sind keine solchen Leser mehr. Und deshalb ist diese Übung von größter Wichtigkeit, dass Sie in der kurzen Zeitspanne von einer Woche versuchen, sehr konsequent mit dem mitzudenken, was angeboten wird – und zu erleben, ob es eine Konsistenz gibt oder nicht. Ist das Ganze, das Ihnen in dieser Woche präsentiert wird, glaubwürdig oder nicht? Und Sie werden feststellen, dass die Glaubwürdigkeit mit der Art und Weise zusammenhängt, wie die Fakten präsentiert und in ein längerfristiges Ereignis verwandelt werden. Was Sie heute über eine bestimmte Situation im Zusammenhang mit einer Pandemie hören, wird sich morgen fortsetzen, und wenn Sie die Zeitung lesen oder Nachrichtenberichte hören, wird es sich in der Regel um einen eigenständigen Bericht von morgen handeln und nicht unbedingt um eine Fortsetzung des heutigen Berichts. Das muss sich ändern.

Es muss eine Kontinuität in dem geben, was man präsentiert bekommt. Nur so kann man erkennen, ob etwas glaubwürdig ist oder nicht. Ob es stimmt oder nicht, ist ein anderer Schritt, aber das erste, was man erfahren möchte, ist, dass man seine Zeit mit etwas Sinnvollem verbringt. Wenn es sich um einen Wust von Unsinn handelt, der an einem Tag einigermaßen schlüssig erscheint, im Laufe mehrerer Tage aber nicht mehr, dann lernt man darin, dass Wahrheitsfindung auch mit Zeit zu tun hat. Man kann nicht alles auf einmal machen, es muss etwas werden, das sich mit der Zeit manifestiert. Was Sie heute nicht wissen können, kann Ihnen morgen klar werden, weil Ihnen fehlendes Material vorgelegt wird.

Was man sehr oft erlebt, ist, dass in gewissem Sinne spannende Berichte veröffentlicht werden, dass sie z.B. drei Tage lang verfolgt werden – und plötzlich hört man nichts mehr davon. Auch das ist etwas, das man kennenlernen muss. Das sind Vorgänge in den Nachrichten, die sich auf Dauer als manipulativ entpuppen. In nur einer Woche werden Sie dies nicht direkt erfahren können, es sei denn, Sie haben ein Thema gewählt, in dem dies in dieser Woche deutlich wird. Aber wenn man anfängt, dies über einen längeren Zeitraum zu tun – und das ist die Absicht, dass all diese Übungen schließlich zu Lebensgewohnheiten werden – dann beginnt man zu bemerken, wie man in seinen Glaubenskräften manipuliert wird. Und das ist eine süße Frucht der Denkschulung, auch wenn sie bitter in der Verdauung wirkt, dass man beginnt, die aktuellen Ereignisse, die einem in den Medien präsentiert werden, zu durchschauen und ihren manipulativen Charakter dahinter zu erkennen. Ich will damit nicht sagen, dass es in der Redaktion einer Zeitung täglich Sitzungen gibt, in denen es darum geht: Wie können wir den Leser manipulieren? Natürlich handelt es sich auch bei den Menschen, die die Nachrichten übermitteln, nicht um bewusste Prozesse, sondern höchstens um halbbewusste, aber wir müssen sie kennenlernen, so wie wir eine ganze Welt von halbbewussten Impulsen, Gedanken, Meinungen, Urteilen in uns selbst kennengelernt haben, und das ist natürlich nur der Anfang.

DIE ELFTE ÜBUNG: GOETHE

Dann haben wir einen anderen Lehrer des Denkens, den wir in der neueren Zeit finden können. Nicht in der Neuzeit, sondern in der Zeit vor dieser Zeit. Er ist ein Mensch, der nicht als Lehrer des Denkens bekannt ist, und sich selbst wahrscheinlich auch nicht als solcher gesehen hätte. Und doch ist er es, und wir können viel von ihm lernen.

Dass wir wissen, dass er ein Lehrer des Denkens ist, verdanken wir einem Verleger seines Werkes, der, sagen wir, ein halbes Jahrhundert später, nach seinem Tod, den naturwissenschaftlichen Teil des Gesamtwerkes dieses Mannes in einer großen Ausgabe veröffentlichte. Der Lehrer des Denkens ist Johann Wolfgang von Goethe.

Wir kennen ihn vor allem als Dichter, und obwohl zum Beispiel sein großes Faust-Drama immer noch aufgeführt wird, ist er für die meisten Menschen eine Figur aus der tristen, grauen Vergangenheit, zu der man nicht so leicht zurückkehrt.

Der Herausgeber seiner naturwissenschaftlichen Arbeiten hat ihn jedoch sehr deutlich als großen Denker durch Beobachtung hervorgehoben. Der Dichter Goethe war auch ein Naturwissenschaftler. Er war auch ein Politiker. Doch seine wissenschaftliche Arbeit schaffte nicht den Durchbruch, seine Arbeit wich der modernen Naturwissenschaft, und selbst zu Lebzeiten gelang es ihm nicht, die Anerkennung für seine Arbeit zu bekommen, die er hätte bekommen sollen. Aber wir haben eine Fülle von Informationen darüber, wie dieser Goethe seine naturwissenschaftliche Arbeit gemacht hat, und wir sehen, dass wir mit ihm zu dem zurückkehren, womit wir unsere Übungen begonnen haben, nämlich der Sinneswahrnehmung.

Aber Goethe war davon überzeugt, dass die Sinneswahrnehmung, dass der Gegenstand, den man wahrnimmt, auch die Idee enthält, und dass der Mensch in der Lage ist, diese Idee im Gegenstand wahrzunehmen. Diese erkenntnistheoretische Sichtweise wurde vom Herausgeber seines wissenschaftlichen Werkes anerkannt und beschrieben. Dieser Verleger gehörte zu einer Gruppe von Personen, die nach Weimar eingeladen wurden, um das gesamte Werk von Johann Wolfgang von Goethe zu veröffentlichen. Er war derjenige, der die naturwissenschaftlichen Schriften veröffentlichen durfte. Und sein Name war Rudolf Steiner. Wir kennen ihn vor allem als spirituellen Lehrer, aber er begann seine Karriere als Verleger und arbeitete an der großen Goethe-Ausgabe in Weimar Ende des neunzehnten Jahrhunderts. Wir könnten viele Aspekte des Denkens bei diesem Naturforscher Goethe finden, aber um ein Beispiel dafür zu geben, wie er bei seiner Erforschung der Natur vorging, werden wir uns auf seine Farbenlehre konzentrieren.

Johann Wolfgang von Goethe, 28.8.1749 bis 22.3.1832.

Es war der Naturwissenschaftler Newton, der eine Theorie des Lichts und der Farben entwickelt hatte. Später haben sich diese Theorien noch weiter verändert, aber sie kamen nie an das heran, was Goethe über das Licht zu sagen hatte. Und so ist die Naturwissenschaft in die Spuren Newtons getreten und hat allmählich den befruchtenden Aspekt der Sinne verloren, so dass wir heute von der DNA sprechen können, als hätte sie jemals jemand gesehen; dass wir von Atomkernen sprechen, als ob jemand sie jemals gesehen hätte; dass wir von einem Virus sprechen, als ob jemand es jemals gesehen hätte...

Wir sind in unserem Glauben an die Wahrheit der Wissenschaft so überzeugt, dass die meisten Menschen nicht einmal spüren, dass eine Frage aufkommt: 'Hat jemand diese Dinge jemals gesehen?' Und wenn diese Frage doch auftaucht, wird schnell und beruhigend geantwortet: 'Aber sicher, die Wissenschaft ist in der Lage, mit Hilfe der Elektronenmikroskopie die kleinsten Dinge so zu vergrößern, dass sie sichtbar werden.'

Aber nur wenige werden sich dann fragen: 'Ja, aber wie macht man das?'

Wenn man sich diese Frage stellt – und das sollte man nach dieser Übungsreihe gelernt haben – wird man feststellen, dass es eine ganz andere Art der Wahrnehmung ist, als die direkte Wahrnehmung mit den Sinnen. Dies ist nicht der richtige Ort, um darauf näher einzugehen, aber das kann jeder für sich selbst tun, und ich habe auch eine Reihe von Texten darüber auf meiner Website miekemosmuller.com veröffentlicht.

Goethe hat den heldenhaften Versuch unternommen, eine andere Naturwissenschaft aufzuzeigen, und er muss natürlich gehofft haben, dass man erkennt, dass diese Methode richtiger ist als die inzwischen siegreiche andere naturwissenschaftliche Methode. Aber das wurde nicht gesehen, und in unserer Zeit ist er eine Art interessanter Forscher in einem Museum, den man mit Interesse betrachten kann, aber natürlich nicht ernst nimmt. Das machen wir mit Rudolf Steiner, dem Geistesforscher, übrigens auch. Ein Geist im Museum, interessant zu betrachten, vorzugsweise besonders interessant zu verurteilen, aber nicht ernsthaft zu prüfen und sich zu fragen, inwieweit die Schriften wahr sind.

Um nun ein Beispiel für Goethes naturwissenschaftliche Erkenntnisse zu geben, zitiere ich aus einem Einführungsbuch zu Goethes Weltanschauung von Rudolf Steiner, und dieser Text handelt von Johann Wolfgang von Goethes Erkenntnissen über Licht, Dunkel und Farbe.

> „Der Begründer dieser Ansicht, die Goethe bei den Naturforschern herrschend fand und die heute noch dieselbe Stellung einnimmt, ist Newton. Sie behauptet, das weiße Licht, wie es von der Sonne ausgeht, ist aus farbigen Lichtern zusammengesetzt. Die Farben entstehen dadurch, daß die einzelnen Bestandteile aus dem weißen Lichte ausgesondert werden. Läßt man durch eine kleine, runde Öffnung Sonnenlicht in ein dunkles Zimmer treten, und fängt es auf einem weißen Schirme, der senkrecht gegen die Richtung des einfallenden Lichtes gestellt wird, auf, so erhält man ein weißes Sonnenbild. Stellt man zwischen die Öffnung und den Schirm ein Glasprisma, durch welches das Licht durchstrahlt, so verändert sich das weiße runde Sonnenbild. Es erscheint verschoben, in die Länge gezogen und farbig. Man nennt dieses Bild Sonnenspektrum. Bringt man das Prisma so an, daß die oberen Partien des Lichtes einen kürzeren Weg innerhalb der Glasmasse zurückzulegen haben als die unteren, so ist das farbige Bild nach unten verschoben. Der obere Rand des Bildes ist rot, der untere violett; das Rote geht nach unten in Gelb, das Violette nach oben in

Blau über; die mittlere Partie des Bildes ist im allgemeinen weiß. Nur bei einer gewissen Entfernung des Schirmes vom Prisma verschwindet das Weiße in der Mitte vollständig; das ganze Bild erscheint farbig, und zwar von oben nach unten in der Folge: rot, orange, gelb, grün, hellblau, Indigo, violett. Aus diesem Versuche schließen Newton und seine Anhänger, daß die Farben ursprünglich in dem weißen Lichte enthalten seien, aber miteinander vermischt. Durch das Prisma werden sie voneinander gesondert. Sie haben die Eigenschaft, beim Durchgange durch einen durchsichtigen Körper verschieden stark von ihrer Richtung abgelenkt, das heißt gebrochen zu werden. Das rote Licht wird am wenigsten, das violette am meisten gebrochen. Nach der Stufenfolge ihrer Brechbarkeit erscheinen sie im Spektrum. Betrachtet man einen schmalen Papierstreifen auf schwarzem Grunde durch das Prisma, so erscheint derselbe ebenfalls abgelenkt. Er ist zugleich breiter und an seinen Rändern farbig. Der obere Rand erscheint violett, der untere rot; das Violette geht auch hier ins Blaue, das Rote ins Gelbe über; die Mitte ist im Allgemeinen weiß. Nur bei einer gewissen Entfernung des Prismas von dem Streifen erscheint dieser ganz farbig. In der Mitte erscheint wieder das Grün. Auch hier soll das Weiße des Papierstreifens in seine farbigen Bestandteile zerlegt sein. Daß nur bei einer gewissen Entfernung des Schirmes oder Streifens vom Prisma alle Farben erscheinen, während sonst die Mitte weiß ist, erklären die Newtonianer einfach. Sie sagen: in der Mitte fallen die stärker abgelenkten Lichter vom oberen Teil des Bildes mit den schwächer abgelenkten vom unteren zusammen und vermischen sich zu Weiß. Nur an den Rändern erscheinen die Farben, weil hier in die am schwächsten abgelenkten Lichtteile keine stärker abgelenkten von oben und in die am stärksten abgelenkten keine schwächer abgelenkten von unten hineinfallen können.

Dies ist die Ansicht, aus der Goethe für seinen Zweck nichts entwickeln kann. Er will deshalb die Erscheinungen selbst beobachten. Er wendet sich an Hofrat Büttner in Jena, der ihm die Apparate leihweise überläßt, mit denen er die nötigen Versuche anstellen kann. Er ist zunächst mit anderen Arbeiten beschäftigt und will, auf Büttners Drängen, die Apparate wieder zurückgeben. Vorher nimmt er doch noch ein Prisma zur Hand, um durch dasselbe auf eine völlig geweißte Wand zu sehen. Er erwartet, daß sie in verschiedenen Stufen gefärbt erscheine. Aber sie bleibt weiß. Nur an den Stellen, wo das Weiße an Dunkles stößt, treten Farben auf. Die Fensterstäbe erscheinen in den allerlebhaftesten Farben. Aus diesen Beobachtungen glaubt Goethe zu erkennen, daß die Newtonsche Anschauung falsch sei, daß die Farben nicht im weißen Lichte enthalten seien. Die Grenze, das Dunkle, müsse mit der Entstehung der Farben etwas zu tun haben. Er setzt die Versuche fort. Weiße Flächen auf schwarzem und schwarze Flächen auf weißem Grunde werden betrachtet. Allmählich bildet er sich eine eigene Ansicht. Eine weiße Scheibe auf schwarzem Grunde erscheint beim Durchblicken durch das Prisma verschoben. Die oberen Partien der Scheibe, meint Goethe, schieben sich über das angrenzende Schwarz des Untergrundes; während sich dieser Untergrund über die unteren Partien der Scheibe hinzieht. Sieht man nun durch das Prisma, so erblickt man durch den oberen Scheibenteil den schwarzen Grund wie durch einen weißen Schleier. Besieht man sich den unteren Teil der Scheibe, so scheint dieser durch das übergelagerte Dunkel hindurch. Oben wird ein Helles über ein Dunkles geführt; unten ein Dunkles über ein Helles. Der obere Rand erscheint blau, der untere gelb. Das Blau geht gegen das Schwarze zu in Violett; das Gelbe nach unten in ein Rot über. Wird das Prisma von der beobachteten Scheibe entfernt, so verbreitern sich die farbigen Ränder; das Blau nach unten, das Gelb nach oben. Bei hinreichender Entfernung greift das Gelb von unten über das Blau von oben; durch das Übereinandergreifen entsteht in der Mitte Grün. Zur Bestätigung dieser Ansicht betrachtet Goethe eine schwarze Scheibe auf weißem Grunde durch das Prisma. Nun wird oben ein Dunkles über ein Helles, unten ein Helles über ein Dunkles geführt. Oben erscheint Gelb, unten Blau. Bei Verbreiterung der Ränder durch Entfernung des Prismas von der Scheibe wird das untere Blau, das allmählich gegen die Mitte zu in Violett übergeht, über das obere Gelb, das in seiner Verbreiterung nach und nach einen roten Ton erhält, geführt. Es entsteht in der Mitte Pfirsichblüt. Goethe sagte sich: Was für die weiße Scheibe richtig ist, muß auch für die schwarze gelten. «Wenn sich dort das Licht in so vielerlei Farben auflöst... so müßte ja hier auch die Finsternis als in Farben aufgelöst angesehen werden.» («Konfession des Verfassers », Kürschner, Band 36/2.) Goethe teilt nun seine Beobachtungen und die Bedenken, die ihm daraus gegen die Newtonsche Anschauung erwachsen sind, einem ihm bekannten Physiker mit. Dieser erklärt die Bedenken für unbegründet. Er leitete die farbigen Ränder und das Weiße in der Mitte, sowie dessen Übergang in Grün, bei gehöriger Entfernung des Prismas von dem beobachteten Objekt, im Sinne der Newtonschen Ansicht ab. Ähnlich verhalten sich andere Naturforscher, denen Goethe die Sache vorlegt. Er setzt die Beobachtungen, für die er gerne Beihilfe von kundigen Fachleuten gehabt hätte, allein fort. Er läßt ein großes Prisma aus Spiegelscheiben zusammensetzen, das er mit reinem Wasser anfüllt. Weil er bemerkt, daß die gläsernen Prismen, deren Querschnitt ein gleichseitiges Dreieck ist, wegen der starken Verbreiterung der Farbenerscheinung dem Beobachter oft hinderlich sind, läßt er seinem großen Prisma den Querschnitt eines gleichschenkeligen Dreieckes geben, dessen kleinster Winkel nur fünfzehn bis zwanzig Grade groß ist. Die Versuche, welche in der Weise angestellt werden, daß das Auge durch das Prisma auf einen Gegenstand blickt, nennt Goethe subjektiv, sie stellen sich dem Auge dar, sind aber nicht in der Außenwelt fixiert. Er will zu diesen noch objektive hinzufügen. Dazu bedient er sich des Wasserprismas.

Das Licht scheint durch ein Prisma durch, und hinter dem Prisma wird das Farbenbild auf einem Schirme aufgefangen. Goethe läßt nun das Sonnenlicht durch die Öffnungen ausgeschnittener Pappen hindurchgehen. Er erhält dadurch einen erleuchteten Raum, der ringsherum von Dunkelheit begrenzt ist. Diese begrenzte Lichtmasse geht durch das Prisma und wird durch dasselbe von ihrer Richtung abgelenkt. Hält man der aus dem Prisma kommenden Lichtmasse einen Schirm entgegen, so entsteht auf demselben ein Bild, das im allgemeinen an den Rändern oben und unten gefärbt ist. Ist das Prisma so gestellt, daß sein Querschnitt von oben nach unten schmäler wird, so ist der obere Rand des Bildes blau, der untere gelb gefärbt. Das Blau geht gegen den dunklen Raum in Violett, gegen die helle Mitte zu in Hellblau über; das Gelbe gegen die Dunkelheit zu in Rot. Auch bei dieser Erscheinung leitet Goethe die Farbenerscheinung von der Grenze her. Oben strahlt die helle Lichtmasse in den dunklen Raum hinein; sie erhellt ein Dunkles, das dadurch blau erscheint. Unten strahlt der dunkle Raum in die Lichtmasse hinein; er verdunkelt ein Helles und läßt es gelb erscheinen. Durch Entfernung des Schirmes von dem Prisma werden die Farbenränder breiter, das Gelbe nähert sich dem Blauen. Durch Einstrahlung des Blauen in das Gelbe erscheint bei hinlänglicher Entfernung des Schirmes vom Prisma in der Mitte des Bildes Grün. Goethe macht sich das Hineinstrahlen des Hellen in das Dunkle und des Dunklen in das Helle dadurch anschaulich, daß er in der Linie, in welcher die Lichtmasse durch den dunklen Raum geht, eine weiße feine Staubwolke erregt, die er durch feinen trockenen Haarpuder hervorbringt. «Die mehr oder weniger gefärbte Erscheinung wird nun durch die weißen Atome aufgefangen und dem Auge in ihrer ganzen Breite und Länge dargestellt.» (Farbenlehre, didaktischer Teil § 3 26.) Goethe findet seine Ansicht, die er an den subjektiven Erscheinungen gewonnen, durch die objektiven bestätigt. Die Farben werden durch das Zusammenwirken von Hell und Dunkel hervorgebracht. Das Prisma dient nur dazu, Hell und Dunkel übereinander zu schieben."[5]

Es ist interessant, die Glaubwürdigkeit dieses neuen Lehrers im Hinblick auf seine Aussagen in diesem Zitat zu prüfen. Glauben Sie als Leser daran, oder halten Sie es von vornherein für Unsinn, und wie wirkt, geht das bei Ihnen?

Rudolf Steiner, 27.2.1861 bis 30.3.1925.

5 Rudolf Steiner, Goethes Weltanschauung, GA 6.

DIE VORLÄUFIG LETZTE ÜBUNG

Die letzte Übung in dieser Reihe, die erste Reihe, zielt darauf ab, den Geist geschmeidig und beweglich zu machen. Wir haben in den letzten Wochen gespürt, wie fixiert unser Denken ist, wie es in Meinungen, in Vorurteilen, in schnellen Schlüssen, in Prozessen, die einem gar nicht bewusst sind, und schließlich auch in festen Dogmen festgehalten wird. Das sind Meinungen und Urteile, von denen man glaubt, dass sie auch wirklich so sein sollen. Man behält es also nicht nur für sich, sondern meint, es sollte für die ganze Welt sein.

So wie man, wenn man immer die gleichen Bewegungen mit den Händen oder Füßen, mit den Beinen oder Armen macht, einen ganz bestimmten Teil der Muskulatur und der Gelenke einsetzt und den Rest verrosten lässt, so ist es auch beim Denken, nur in einem viel größeren Ausmaß. Die Gelenke und Muskeln des Denkens sind zahllos, und wenn man im Denken immer demselben Weg folgt, wird er zu einem verschlissenen Pfad, der so tief liegt, dass man gar nicht mehr herauskommt.

Vielleicht kennen Sie die schönen Hohlwege in Niederländisch-Limburg, wo die Straße tiefer liegt als das Land, so dass sie einen hohlen Eindruck macht, und wo man ein wenig klettern muss, um von der Straße wegzukommen. So etwas muss man sich in seinem eigenen Denken vorstellen, das in Bahnen verläuft, die zum Teil von einem selbst, vor allem aber von der Umwelt, von der Erziehung, von den Medien usw. geprägt sind – und man merkt es nicht einmal.

Jetzt haben wir viel in Bewegung gesetzt, wir haben unsere Aufmerksamkeit, die Kraft der Liebe in der Anwesenheit, geprüft und versucht zu erhöhen. Wir haben versucht, die Genauigkeit der Wahrnehmung und des Denkens zu verfeinern und zu verbessern, wir haben Einsicht in die Meinungsbildung und das Urteilsvermögen gewonnen, wir haben ein gewisses Bewusstsein bekommen für die Wolke der Begierde, die uns umgibt, und die die Wahrheit während der Wahrnehmung verdunkelt, wir haben ein gewisses Verständnis dafür erlangt, was Interpretation ist, wie stark man an bestimmte Meinungen und Urteile glaubt, ohne sie auf ihren Wahrheitsgehalt hin überprüft zu haben, wir sind zu den Sinnen zurückgekehrt und haben ganz im Vorübergehen eine andere Art der wissenschaftlichen Wahrnehmung und des Denkens kennen gelernt.

Durch all diese Übungen sind wir viel präziser, liebevoller und beweglicher in unserem Denken geworden, und möglicherweise hat sich auch das rationale und moralische Element im Denken verbessert. Aber das Denken ist immer noch gefesselt.

Nur mit der Kraft der Liebe kann man dieses Denken in Gang bringen. Man kann es vorantreiben, man kann komplizierte Texte nehmen und sie durchdenken. Dann denkt man vielleicht Inhalte, auf die man selbst nie gekommen wäre. Das ist bereits eine Beweglichkeit in seinem Denken, denn man kann Gedanken denken, die man selbst nie gedacht hätte. Man muss sich anstrengen, und diese Anstrengung ist Liebe.

Aber wenn man tiefer in sich hineinschauen könnte, würde man immer noch diese Hohlwege entdecken. Und man würde sehen, dass man zwar anders denkt, als man es gewohnt ist, aber immer noch in der gewohnten Weise denkt. Man weiß nicht, dass man einen üblichen Weg hat, aber man hat ihn. Und er sorgt dafür, dass man, auch wenn man fremde Gedanken denkt, immer auf seiner eigenen Spur bleibt. Die letzte Übung, die wir machen werden, besteht darin, aus dieser Spur herauszutreten, ohne die Zügel des Denkens loszulassen.

Man kann auch sitzen und assoziieren. Lassen Sie Ihre Gedanken frei laufen. Sie befolgen ihre eigenen Gesetze. Im assoziativen Denken tun sie das auf jeden Fall, und sie folgen wirklich immer diesen Hohlwegen, die Sie gezeichnet haben. Es mag sich also so originell anfühlen, aber es sind immer Sie, die denken. Daran sollte sich an sich nichts ändern, aber man muss in der Lage sein, über den eigenen Horizont hinauszugehen, ohne die Zügel aus der Hand zu geben.

Rudolf Steiner hat dazu eine sehr interessante Übung gegeben. Und zwar, dass man den Lauf seiner Gedanken komplett umkehrt. Dass man sozusagen nicht vorwärts denkt, sondern dass man rückwärts denkt. Wenn man zum Beispiel einen Text gelesen hat, kann man ihn noch einmal denken, aber dann nicht vom Anfang zum Ende, sondern vom Ende zum Anfang. Die Gedanken in umgekehrter Reihenfolge. Natürlich muss man dann ein paar Kompromisse eingehen, denn man kann die Sätze nicht umkehren, dann werden sie sinnlos, also muss man natürlich Gedanke für Gedanke denken, aber dann den nächsten in umgekehrter Reihenfolge. Auf diese Weise kann man den Lauf des Textes, den Lauf der Gedanken, aus den ausgetretenen Pfaden des Denkens befreien. Man muss auf eine ganz andere Art und Weise aktiv werden, es geht weniger darum, den Text zu verstehen, sondern darum, die Reihenfolge der Gedanken genau umzukehren.

Man kann auch, wenn man einen Film gesehen hat, versuchen, die Handlung des Films vom Ende zum Anfang umzukehren.

Eine andere mögliche Übung, die ich viel schwieriger finde, ist, ein Lied rückwärts zu singen. Ich habe es oft mit

'Ah! vous dirai-je, maman' versucht, und es funktioniert. Aber es ist schwierig. Natürlich ist es einfacher, wenn man die Noten auf das Klavier legt und sie rückwärts spielt. Aber das ist nicht die Absicht, die Absicht ist, dass man die Noten, die man gesungen hat, wirklich umkehrt und sie kreativ von innen heraus erschafft.

Und eine vierte Möglichkeit ist, die Ereignisse des Tages am Ende des Tages rückwärts durchzugehen. Und hier wird es möglich, keine Kompromisse bei der Umkehrung zu machen, denn es ist prinzipiell möglich, die ganze Handlung des Tages rückwärts laufen zu lassen. Das heißt, wenn Sie die Treppe von unten nach oben gegangen sind, erinnern Sie sich jetzt daran, dass Sie oben waren, und dass Sie die Treppe rückwärts hinuntergehen. Wenn Sie unten angekommen sind, müssen Sie denselben Weg in umgekehrter Richtung gehen, den Sie bis zur Treppe gegangen sind. Und was auch immer Sie mit Ihren Händen gemacht haben, machen Sie es umgekehrt. Was auch immer Sie gesagt haben, sprechen Sie es umgekehrt. Das ist der schwierigste Teil dieser Übung. Und natürlich ist es ratsam, mit einem nicht allzu großen Ereignis des Tages anzufangen, um nicht völlig verwirrt zu werden und drei Stunden damit zu verbringen, an diesen Tag zurückzudenken. Das muss man schnell machen können. Sie müssen sich sozusagen in den Fluss der umgekehrten Zeit begeben, und dann laufen die Ereignisse rückwärts, wobei Sie derjenige sind, der für die Aktivität der Umkehrung sorgt. Wenn Sie einen Moment lang loslassen, werden Sie feststellen, dass Sie sofort wieder in der Vorwärtszeit denken. Diese Übung ist die stärkste Unterstützung und Hilfe für die Entwicklung von Liebe im Denken. Sie werden es vielleicht nicht sofort erkennen, aber wenn Sie die Übung regelmäßig durchführen, werden Sie feststellen, dass die Anstrengung, die Sie für die Umkehrung des Prozesses aufbringen, der Anstrengung entspricht, die Sie in der Liebe aufbringen.

BESINNUNG

Wir haben nun zwölf Wochen lang geübt, also etwa ein Vierteljahr, und ich bitte den Leser, sich an die Zeit zu erinnern, bevor Sie mit diesen Übungen begonnen haben, und zu prüfen, ob und wenn ja, was sich an Ihrer Erkenntnisfähigkeit geändert hat. Schreiben Sie das so genau auf, wie Sie können: Welche Entdeckungen haben Sie gemacht und wie wurden diese Entdeckungen zu Fähigkeiten? Was haben Sie geschafft, und was war schwierig oder unmöglich zu tun? Was sind Ihre Talente und was sind Ihre Schwächen? Sind Sie eher visuell oder eher auditiv orientiert? Liegt Ihre Aufmerksamkeit eher bei der Wahrnehmung oder bei den Gedanken? Das Entweder-oder muss natürlich nicht immer der Fall sein; es gibt durchaus Menschen, die sowohl visuell als auch auditiv außerordentlich aufmerksam sind. Aber oft ist es das eine oder das andere.

Auf welche Hindernisse sind Sie bei den Übungen gestoßen, wie steht es um Ihre innere Faulheit am Anfang und jetzt nach so vielen Wochen? Wie gewissenhaft haben Sie die Übungen durchgeführt? Haben Sie sie wirklich jeden Tag gemacht, oder haben Sie sie gelegentlich oder ziemlich oft ausgelassen? Konnten Sie bei den verschiedenen aufeinanderfolgenden Übungen eine Entwicklung feststellen oder blieben sie mehr oder weniger beliebig? Haben Sie das Bedürfnis, weiter zu üben, oder sind Sie froh, dass Sie es geschafft haben, und hören Sie jetzt auf? Ich appelliere an Ihre Phantasie, weitere Fragen zu stellen und sie sich selbst schriftlich zu beantworten.

Die Frage lautete: ‘Wie lerne ich denken?’, und angesichts der Krise in der Welt habe ich begonnen, dieses Büchlein zu schreiben. Ich werde dem Leser nicht vorschreiben, wie er diese Krise zu beurteilen hat, auf welcher Seite man stehen muss, um ein Schüler des Denkens zu sein. Der Grund, warum ich auf die Bitte, ein solches Buch zu schreiben, eingegangen bin, ist, dass ich absolut davon überzeugt bin, dass die Welt und die menschliche Entwicklung im Moment wirklich nur eines brauchen. Das ist keine Sorge um das Klima oder die Umwelt oder Diskriminierung oder Wohnungsnot oder Reichtum und Armut oder Bildung für alle Menschen und so weiter, das ist es nicht, wie wichtig diese Sorgen auch sind.

Was die Welt und die Menschheit brauchen, um in ihrer Entwicklung voranzukommen, ist ein unabhängiges Denken über die Wahrheit bei möglichst vielen Menschen. Alle Menschen sind mit der Wahrheit in ihrem Wesen begabt. Und es sind nur die Störungen, die von der Persönlichkeit ausgehen, die dazu führen, dass die Wahrheit verzerrt oder nicht gefunden wird. Wenn Sie die Wahrheit suchen, werden Sie sie in den Tiefen des Denkens finden. Natürlich nicht in den Meinungen und Urteilen, auch nicht in der Intelligenz oder in der Art und Weise, wie der Verstand eingesetzt wird, sondern in der Quelle, aus der das Denken stammt. Das ist eine rein menschliche Veranlagung, die eigentlich in allen Menschen angelegt ist. Die Art und Weise, wie es eingesetzt wird, ist so unterschiedlich wie nur möglich, aber es ist ein rein menschliches Talent.

Diese Veranlagung müssen wir endlich exklusiv entwickeln, jeder Einzelne von uns. Dann gibt es keine globale Einheit von Meinungen und Urteilen, sondern eine Symphonie, wie sie noch nie zu hören war. Natürlich wird es hier und da einige Dissonanzen geben, aber gerade diese Dissonanzen sind es, die eine enorme Befreiung darstellen, wenn sie sich in Harmonieauflösen. Der Mensch ist noch weit davon entfernt, ein vollkommen mit sich selbst eins seiendes Wesen zu sein. Auch eine zwölfwöchige Übungszeit wird dies nicht erreichen.

Aber irgendwann werden wir damit anfangen müssen. Und dieser Anfang liegt in der Erkenntnis, dass es eigentlich nur eine Sache gibt, die wirklich notwendig ist.

Das ist weder Nachhaltigkeit noch Inklusion, das sind nicht die Slogans der globalen Organisationen.

Das ist die individuelle Wahrheitsentwicklung in jedem Menschen. Individuell, originell, unvergleichlich. Kein Mensch ist wie der andere, und doch sind sie alle gleich viel wert. Dann wird es eine Freude, einander zuzuhören.

Ich habe immer die Musik als Beispiel genommen. Wenn man sieht und hört, wie ein großes Orchester, eventuell mit einem Chor, Musik macht, weiß man natürlich, dass nicht jeder seine eigene Melodie spielen kann, sondern dass jeder einen vorgeschriebenen Part hat, den er aber nach bestem Können ausführt. Und das Ganze, geleitet von einem inspirierten Dirigenten, ähnelt in gewisser Weise dem, was passieren würde, wenn die Menschen lernen würden zu denken. Der Dirigent wäre in jedem Menschen präsent, er stünde nicht vor dem Orchester, sondern er wäre in jedem Orchestermitglied präsent. Und die Meinungen und Urteile, die Sinneseindrücke, die Interpretationen, die Idee, das Verständnis, all das wäre in jedem Menschen so interessant, dass wir in der Lage wären, zu sehen, zu hören, zu verstehen, zu fühlen und uns gegenseitig mit Willen und Hingabe zu lieben. Ich weiß, dass die Verwirklichung dieses Ideals noch in weiter Ferne liegt. Aber glauben Sie mir, es sind Kräfte am Werk, die verhindern, dass eine solche Harmonie der Menschheit jemals entstehen kann.

Wir können nichts gemeinsam tun, wenn nicht eine ausreichende Zahl von Menschen den Impuls in sich aufnimmt, den Sinn für die Wahrheit zu entwickeln. Sonst wird die Harmonie in der Menschheit nicht zustande kommen.

Alle Menschen werden Brüder, schrieb Schiller in seinem Gedicht *Ode an die Freude*. Beethoven komponierte die Musik dazu, seine neunte Symphonie. Sie wurde die Hymne der Europäischen Union. In gewisser Weise hat sie ihren hohen Wert verloren, weil sie in einem Kontext, der überhaupt nicht zu ihr passt, verflacht klingt. Und dennoch...

In der Menschheit liegt der Keim der Wahrheit und der Brüderlichkeit. Und nachdem man dieses Denken gelernt hat, müssen weitere Schritte folgen, um von der Wahrheit zur Brüderlichkeit zu gelangen. Sie kann nicht aufgezwungen werden. Sie muss gewollt sein. Und damit bin ich am Ende dieser ersten Reihe von Übungen zum Denken lernen angelangt.

Nennen wir es den ersten Grad. Wer diese zwölf Wochen durchgehalten hat, muss noch einmal von vorne anfangen und weitere zwölf Wochen mit der gleichen Ausdauer üben, um zu erfahren, was sich ändert. Und es muss nicht nur eine Wiederholung sein; Sie werden sehen, dass es nie langweilig wird, wenn Sie die Übungen wirklich mit vollem Einsatz machen. Es wird nicht langweilig, weil man spürt, dass man sich weiterentwickelt. Und es gibt nichts Schöneres im Leben als Entwicklung.

Der begeisterte Leser, der zum Üben gekommen ist, kann einen zweiten Grad erwarten. Diese Übungen werden von nun an vorbereitet und zu gegebener Zeit in einem zweiten Band erscheinen.

Die Wahrheit macht den Menschen frei. Der Wert, die Würde, lässt uns erkennen, dass wir als Menschen alle gleich sind. Und Liebe und Fürsorge füreinander werden zu Brüderlichkeit. Sie werden verstehen, dass ich das nicht mit schwesterlicher Liebe ergänze, denn dies hat nichts mit dem Geschlecht zu tun. Es ist eine Metapher. So, wie wahre Brüder und Schwestern füreinander empfinden sollten, so wird sich jedes Mitglied der Menschheit gegenüber jedem anderen Mitglied fühlen und verhalten.

MEISTER DES DENKENS GEFRAGT:

Krishna in der Bhagavad Gita,
Buddha in 'Lotus und Lilie',
Plato, Menon,
Aristoteles in 'Über die Interpretation',
Goethe in seinen naturwissenschaftlichen Schriften,
Rudolf Steiner über Goethe und über die Liebe im Denken.